The Forest and the Trees

Sociology as Life, Practice, and Promise

見樹又見林

社會學作為一種生活、實踐與承諾

The Forest and the Trees（中文版第二版）

copyright©1997 by Allan G. Johnson
Originally published by Temple University Press
Chinse Language copyright ©2001 Socio Publishing Co.,Ltd.
All rights reserved.

Allan G. Johnson◎著
成令方/林鶴玲/吳嘉苓◎譯

國家圖書館出版品預行編目資料

見樹又見林：社會學作爲一種生活、實踐與承諾 /
Allan G. Johnson 原作；成令方，林鶴玲，
吳嘉苓譯 — 二版 . — 台北市：群學，
2003[民92]
　面；　公分 .
含索引
譯自：*The Forest and the Trees: Sociology*
　　　as Life, Practice, and Promise
ISBN 957-28990-0-7 （平裝）
1. 社會學- 哲學，原理

540.2　　　　　　　　　　　90010184

見樹又見林：社會學作爲一種生活、實踐與承諾

原　著：　The Forest and the Trees: Sociology as Life,
　　　　　Practice, and Promise
著　者：　Allan G. Johnson
譯　者：　成令方、林鶴玲、吳嘉苓
總編輯：　劉鈐佑
發行人：　劉鈐佑
出版者：　群學出版有限公司
　地址：台北市重慶南路一段 61 號 7 樓 712 室
　電話：(02)2370-2123
　傳眞：(02)2370-2232
　e-mail：socialsp@seed.net.tw
　網頁：http://www.socio.com.tw
　信箱：台北郵政 39-1195 號信箱
　郵撥：19269524 群學出版有限公司

2001. 06 一版 1 印（第 1 印）　　　定價：新台幣 250 元
2006. 10 二版 11 印（第 20 印）

編輯體例

◎原文強調用斜體字,中文版改為粗體字。

◎原文頁碼置於頁邊,方便讀者配合索引查閱。

◎原文註釋,註標在內文中以阿拉伯數字表示,
　註釋內容則置於書後。

　如:這個特權,甚至極端到決定誰該活,誰該死。[2]

◎為加強讀者的體會,本書譯者特別在諸多關鍵
　處,點出台灣的社會現象或相關研究,以隨文方
　式,列於當頁下,供讀者對照參考。譯註的註標
　以 *[1]、*[2]、*[3] 表示。

　如: *[1] (譯註) 我們時常將健康與個人「不良生活習慣」連結

編輯室說明

　　本次改版,係為回應讀者的建議,改進之處主
要有三:一、增添目錄詳目、編輯體例及原書註
的中文頁碼,以利讀者精讀。二、請專家就視覺
美感暨閱讀舒適性,大幅調整版面。三、擠出頁
邊空白,方便讀者加註或書寫閱讀心得。至於文
中錯漏之處經多次校正,當已甚少。若仍有疏誤
之處,敬祈讀者不吝指教。

目

C·O·N·T·E·N·T·S

錄

中文版序

正如本書所談到的，一個基本的社會學思考原則是：我們總是參與在比本身更大的事物之中，也就是社會學家所稱的社會體系。社會生活既不從個人開始，更不以個人結束。相反的，從家庭到職場、從學校到社區到社會，當人們和各種社會體系發生關連，活出了他們的人生時，社會生活才從而展開。

人們所參與的「更大的事物」範圍逐漸擴增，終至於涵蓋了整個世界。經濟和政治體系是這個全球化趨勢中最顯而易見的一環；不過，全球化也發生在思考方式上，包括社會學在內。本書由英文譯成中文，正見證了這一點。舉例來說，台灣的文化和我自己的美國文化在許多方面都有驚人的差異。然而，社會學思考的威力就在於它能夠提供一個架構，作為跨越差異的橋樑，使我們能夠瞭解任何時空下的任何社會體系。

我寫作本書是因為我相信：社會學帶給我們最重要的東西並不是一套特殊的事實或理論，而是一種威力無窮的方式，讓我們能夠觀察世界、思考世界、思考我們和世界的關係。社會學為我們開了一扇通往世界的窗，也給了我們一面

鏡子，反映出在與世界的關係中，我們是誰。這本小書就是關於認識這扇窗和這面鏡子，以及如何學著使用它們，使我們看得更清楚。

　　如果你想寫些什麼給我，請不要客氣，寄到我的電子信箱來。我會很高興收到你的來信。

亞倫‧強森

美國康乃迪克州柯林斯維爾

agjohnson@mail.hartford.edu

譯序：端出社會學的開胃菜　　成令方

　　1998 年暑假我到西雅圖看朋友，在華聖頓大學旁的書店中無意翻到這本書。首頁的兩行字立即強烈地吸引了我的注意：「我是個學以致用的社會學家（實踐的社會學家）。這本書要談的是，社會學是什麼，我如何學以致用，將社會學學以致用是什麼意思，為什麼值得這麼做。」拿到社會學博士學位的我，自認為應該可以回答社會學是什麼了吧！（後來看完此書，才發現我的答案太粗糙。）學以致用？當然囉！知識份子本來就應該要有實踐能力，改變社會使得明天會更好。但是我很少看到有社會學家會為了這樣一個──我認為是社會學以及任何學門──最核心的問題專門寫一本書。於是我充滿好奇很想知道這位有類似理念的社會學家怎麼看、怎麼想、怎麼實踐。於是我買下這本書，在回台灣的飛機上，開始閱讀。

　　當我讀了一部份，就忍不住把閱讀的快樂和嘉苓分享。我簡直太快樂了！這本書再度肯定了我對社會學知識的期許，即社會學的知識就是日常生活的知識，是可以在日常點滴中實踐出來，改變四周人和物的關係，使得人懂得與他人彼此尊重，無須征服自然而可以與自然共存共榮。還有，這書寫得好輕鬆易讀，使得讀者有類似多天泡溫泉般地渾身

舒暢的愉悅。嘉苓建議把它翻譯出來介紹給台灣讀者。我們就與群學出版社的劉鈐佑主編聯絡，他樂於促成美事。後來我又和鶴玲談到此書，剛好鶴玲也曾經翻譯過類似性質的書籍，也很認同這本書的理念，欣然接受邀請。於是我們三個社會學的資淺臭皮匠，就湊成了翻譯團隊，讓這位想法與我們相近的同行亞倫・強森 (Allan G. Johnson) 說起台灣國語來。

說得容易，真要做起來可就難了！我們三人手邊都有研究計畫要做，我們也非常重視教學，經常花很多時間在學生身上，討論他們的學業前途或是感情的困惑。另外，我們也常雞婆地參與社會公益活動，所以一天下來總是忙得精疲力竭，像條死狗。嘉苓還剛生了小寶寶，要定期餵奶照顧；鶴玲才剛接下所長的行政職務，開會和公務忙得不可開交。那麼，為什麼我們還要耗力費神地來翻譯這本書？更何況譯書又不被學術界鼓勵認可。我想，正是因為我們對社會學實踐的嚮往，期望藉著教學，達到學以致用的目的，而這本書正合乎我們的期望。

在我們的（也是劉鈐佑的）理想中，社會學的基本概念應該可以用老嫗易懂的平常白話來表達，而且可以隨手在日常生活中拈來活潑生動的例子，闡述給初學的人聽。所以教授社會學，應該是充滿趣味，娛人娛己的事。但是，能深

入淺出寫得有聲有色，往往必須是有豐富教學經驗而且具寫作才華的教授才能做到。他／她們有自己獨到的見解，能夠把複雜的社會現象，以簡單的幾個主軸前後一氣連貫起來，彼此呼應；而且他／她使用的寫作技巧能夠以渾然天成的方式，把抽象艱深的理論和鮮活具體的實例，饒富趣味地編織成讀來全不費工夫的作品。本書作者亞倫‧強森教授就是一位這樣的資深社會學家。他在 1970 年初獲得博士學位，教了近四分之一世紀的書，也寫了好幾本書之後，在 1997 年寫成了這本書。

我個人最喜歡本書的特色是，強森教授能夠在微不足道的日常生活瑣碎小事中，讓讀者看到這是與社會資源分配不平等的體系結構有關，或是和我們狹隘自我中心的文化價值規範有關。當我們能對複雜的生活產生洞識，我們才能產生與他人和他物和平共處的智慧，這樣的洞識和智慧也會給我們帶來信心，使我們相信即使個人的力量如此卑微，也能夠促使社會往上提昇。在書中，強森教授三不五時地舉例說明複雜生活面向之間的關係，讓我不時發出從一滴小水滴看到大世界的驚嘆。這本書，不是社會學的入門教科書，而是社會學的開胃書，它讓每個讀者讀後，更想再多讀一些與社會學相關的著作，也會開始作「社會學式」的思考。對任何好奇人間事物的人來說，可以是開啓神奇世界的魔術寶書。

即使連我已經在吃這一行飯的，在閱讀時仍不時有新鮮逗趣的啓發，我的求知慾，一遍又一遍地被此書挑逗起來。

雖然書中展現的論證以及搭配所舉的實例，幾乎都不會因爲文化的差異而有所隔閡，我們還是費了一些心思，在適當的論點加上一些台灣實例的註腳，希望能對台灣讀者的理解有些幫助。嘉苓和令方已經把這書的初稿在大一社會學的課堂上試用過，效果還相當不錯。強森教授深入淺出的引導，學生一路走來，都讀出社會學的趣味來了。學習和思考本是件快樂的事，這正符合我們的初衷。

翻譯的過程相當冗長，比原訂的出書時間晚了半年。主要是我們翻得很仔細也很認眞。初稿完成，我們彼此相互校訂過後，還由劉鈐佑主編——他本身也是社會學經典著作的譯者——再校訂一次，同時也做些文字潤色的工作。最後再由我們重看一次已經校訂過兩遍的稿子。我們相信錯誤還是免不了會有，但應該相當少了。我們的翻譯分工如下：嘉苓譯本書介紹、第一章和第六章，令方譯第二章和第四章，鶴玲譯第三章和第五章。我們三人的文字風格各異，經過彼此的潤飾，最後以輕鬆活潑的平白語言呈現在各位眼前，我們相信若強森教授是台灣人，他大概會以如此的口氣書寫。我們很高興，在翻譯的過程，也與劉主編結爲朋友，謝謝他對我們拖稿的容忍；即使是催稿，他清雋幽默的電子郵件，

常常還是我們忙碌生活中的清涼帖。

　　最後，我們能完成譯稿，要感謝許多人的協助。令方要感謝嘉苓和鶴玲給予巧妙文思的靈感和歡樂窩心的鼓勵，劉鈐佑細密的字句琢磨，陳竹儀給予第四章譯文和第二章註腳的協助，邱斯婷對本書二印修訂版第二章文字的建議，王道還對特定名詞的建議，還有大為在生活上的配合與支持。嘉苓要感謝令方熱情邀請合作譯書，鶴玲並肩努力激盪創意，劉鈐佑每每提供振奮人心的鼓勵，范雲、顧彩璇、Hugo 等人協助譯句斟酌與註腳寫作，以及大容寶寶在媽媽趕稿時，有默契地配合呼呼大睡。鶴玲除了要感謝簡淑媛初譯第五章之外，還要感謝春在從頭到尾共同閱讀、討論、解決翻譯第三、五章時遭遇的各種猶疑和困境。

　　讀者如果有什麼建議和意見要和強森教授或和我們溝通的，請利用電子郵件：

Allan G. Johnson: agjohnson@mail.hartford.edu

成令方：lingfang@kmu.edu.tw

吳嘉苓：clwu@ntu.edu.tw

林鶴玲：holin@ccms.ntu.edu.tw

本書介紹

我是個學以致用的社會學家。這本書要談的是，社會
學是什麼，我如何學以致用，將社會學學以致用是什麼意
思，為什麼值得這麼做。這本書想要呈現，社會學如何滲入
我們生活中的每一層面：從早報的頭條新聞，個人成長的經
驗，到世界上種種的迫害蹂躪。不論是雞毛蒜皮的小事，還
是驚天動地的大事，是簡單的事，還是複雜得超乎我們想像
的事，社會學都有所牽扯。

我在很多方面都將社會學學以致用。不論是我思考著
社會生活怎麼運作，我寫作，還是我和別人一起企圖瞭解
世局又有什麼變化，如何影響我們生活，我都在實踐社會
學。在這個紛擾的世界，人們因為種族、性別、性偏好等
等差異在生活上倍感困惑，我藉著當公司團體的顧問，替
人解惑—我在實踐社會學。我走在街上，在市場中流連，
在路邊的飯館小坐，喝杯咖啡，觀察著周遭的世界，質疑
著人生到底是怎麼回事，思索著芸芸眾生綿密交織的人生
長河裡頭有些什麼，什麼把我們凝聚在一起，什麼又把我
們拆離，這些都如我學生會說的一般 —— 都跟我扯得上關
係 —— 我在實踐社會學。

我實踐社會學有很多理由。這世界上有太多無謂的苦

1

難，若要做點什麼來解決，就得瞭解這些苦難是怎麼產生的。就這層意義來說，實踐社會學有著深刻的道德面向。我不是指我們要做好人、不要做壞人這麼簡單，而是指一種更深更廣的道德感，涉及到我們作為人類的本質，以及人類生命共同體的內容。我們只要探究社會生活，就不免得面對社會生活所帶來的一些後果，特別是那些傷人的後果。除非我們刻意對現實視而不見，否則我們一定會問：「為什麼會這樣？」只要我們問了這個問題，我們就得借助一些分析工具來理解問題的走向，並設想我們可以如何改善現況。我們固然也身陷問題之中，不過實踐社會學倒也可以提供一些解決問題的管道。這不僅對改善世界現狀有所助益，也使我們日子好過一些，特別是在一些糟糕透頂的處境中。社會學幫助我們理解事情如何相互牽連，看清楚後，也就能尋求一點一滴改變的方法。我們無法就此全盤改變世界，但是我們可以思辨要如何參與其中，要如何使得一些環境向上提昇，像是我們的社區鄰里、家庭，或是工作場所。

要不是相信向上提昇是有可能的，我也不會就此投入，所以啊，「有信心」也是我實踐社會學的原因之一。我相信我們個人做的選擇，影響我們生活，遠比我們想像來得大，很多事未必只能維持現況，也不是什麼事都是船到橋頭自然直。我們得做點什麼。而我們做的這點什麼，不是靠第

六感、個人意見或是偏見，我們需要一些有系統的思考方式，來理解事情。這就是社會學所能提供的。

我實踐社會學，社會學不斷提醒我生活在這世界上的基本重要特質是什麼。社會學不是要探究什麼外在世界。社會學要探究的，就是我們身處其中的世界，以及我們與世界的關連。這表示，社會學可以引領我們瞭解有關我們自己的基本真相。社會學總是提醒我，那些我們以為自己瞭若指掌的事情，其實背後還有一大堆我們所不知道的；每念及此，我就要對社會學感到讚嘆。例如，有時我是驚訝於社會生活可以如此運作，我們可以這般地一起生活一起工作，可以這般地談話、作夢、幻想、出擊、創造。即使是最單純的對話，都有一些令人稱奇之處；之所以令人稱奇，就在於這些對話能夠進行，其實是有著一套我們並不知曉的原理原則在主導。我們可以竭盡所能地思索著這些令人稱奇之處。而且，我們能一點一滴地感受這個原理原則，並瞭解我們生活如何依循這些原理原則而行。因此，我學社會學固然是要瞭解這個世界，但也使得我常觸及人類生活底下那份難以理解的基本重要特質。

實踐社會學使得我們觀察這個世界，思索這個世界，理解這個世界。實踐社會學使得我們不只身處世界之中，同時又改變這個世界本身。而這世界不斷地形塑我們的生活，

總與我們扯上關係，實踐社會學也使得我們在這樣的世界中，在人類生活中，扮演一個有意義的角色。

實踐什麼？

4

大部分的人大概對我這裡說的「社會學」都有些概念，不過可能都跟真正實踐出來的社會學有些出入。例如，如果你曾經看過一本典型的社會學入門教科書（大部分人對於社會學的唯一瞭解，即來自此），你可能會覺得，社會學就是一堆事實跟名詞，包山包海，從家庭，到經濟，到政治，到犯罪，到宗教，到互動對話的錯綜複雜，什麼都談。有點像高中的社會科，但是是比較「進階版」的。不過，只是檢視社會生活的各個層面，並不表示這就是社會學，因為很多其他領域也都檢視社會學關懷的議題。例如，律師、法學專家，還有法官，都研究犯罪；經濟學家研究經濟；政治學家研究政治；人類學家、心理學家、歷史學家，還有專打婚姻訴訟的律師，都研究家庭。但是，這並不表示他/她們就一定在實踐社會學。

因此，說社會學是「有關」群體與社會，或是說社會學是「有關」社會生活的這些含糊說法，都對解釋社會學是什麼，沒太大幫助。「有關」這個字，是超級含糊的字眼，

所以用「有關」這種字眼來瞭解社會學，社會學就變得什麼
都可以是，這也就表示社會學什麼都不是。我們很容易覺得
社會學的實踐到處都是，像《時代週刊》、《新聞週刊》、
《MTV》，還是《頭條新聞》在評論「社會」事件，就是在
做社會學式的討論。我們也很容易覺得，不論是讀報紙還是
看電視，都有助學習社會學。結果，很多社會學家就以此來
告知大眾，社會學就是比常理判斷更深入一點。當然是沒錯
啦，真的是比常理判斷更深入一點（哈，我現在也這麼說
了），然而需要這樣來說服大眾，可是社會學家自找的。我
們不斷在那裡一手挖洞，另一手補洞。

　　如果你去翻翻那些社會學的學術期刊，你也不會搞清
楚社會學到底是什麼玩意。這不是說這些期刊論文的作者不
是在應用社會學。這些作者沒有多費心思去解釋他們研究的
基本重要特質，而社會學研究的基本重要特質，就只暗藏在
那些分析的資料和理論裡頭，難以辨識。社會學家寫這些論
文，只是要給同儕閱讀，所以對於社會學到底可以貢獻什麼
的這種問題，就假設好像不需要花力氣解釋。這些社會學家
也不會花力氣把研究論文寫得淺白易懂，好讓社會學領域外
的人也能理解。你可以讀好幾年的社會學期刊論文，然後對
於這些論文為什麼算是社會學，還是一頭霧水。

　　對於社會學是什麼缺乏清楚的理解，有些社會學家並

不覺得是什麼大問題；社會學本來就是這樣。他/她們會爭辯，社會學是複數，而不是單數。要一舉找個「大論述」來解釋社會學的一切，不可能，也太放肆。他/她們認為這種作法太陳腐，缺乏彈性，太現代主義式的作法；更糟的是，恐怕根本不可行。的確，社會學涵蓋了豐富的理論觀點、研究方法，以及關懷領域。也沒錯，沒有一種理論可以解釋所有的事。但是如果社會學的性質，就是與一大堆不同的「論述」相牽連，**我們還是要問自己，到底是這些論述的什麼，使得它們很「社會學」**。如果我們無法直接清楚地回答，那我們也很難解釋為什麼大家應該要認真實踐社會學。如果不直接清楚地回答社會學是什麼，不提供一些管道讓人瞭解社會學家所作所為的本質是什麼，那麼這些研究和理論，終究只對社會學家有用，不會成就些其他什麼。

這就是我要寫這本書的原因。當我開始著手寫《見樹又見林》這本書時，我主要在思索一個假設性的問題。如果社會學能夠教每個人就那麼一件事，如果社會學只想提供一個核心的想法，那會是什麼？是跟家庭有關的什麼嗎？是跟政治制度有關的什麼嗎？還是社會不平等？還是社會互動中的語言使用？還是衝突理論、交換理論、結構功能論、後現代主義，或是任何其他社會學家行之多年的理論觀點？還是，簡單地說，是在社會學大傘下的各種資料、名詞、理論

中，哪個特定的資料、名詞或是理論？我覺得都不是。或是說，至少，我希望不會是如此。比這更簡單，也比這更有力的會是，一個可以作為思考點的核心概念，作為一個開啓問題的大門，然後可以通向萬事萬物。這個核心概念本身，並不會解釋什麼；這也不是這個核心概念的重點。這個核心概念會定義一種對於社會狀況的中心觀點，而各種社會學的實踐，有意無意地，都是奠基在這種中心觀點上。所以，這個核心概念就可以成為理解何謂社會學實踐的敲門磚。

當我說我實踐社會學，我指的就是那個核心觀點，那個將各種社會學實踐聚集的所在。這本書，就是有關一個社會學家回答這個假設性問題的答案，並希望藉由提出這個核心觀點，來發揮最大的潛力，改變人們看待我們身處的世界的方法。這本書要討論的就是這個核心觀點是什麼，以及理解、使用、據以生活、播散這個核心觀點的重要性。

森林、樹群，還有那件事

The Forest and the Trees

1

見樹又見林

7 　　我跟一些在公司、學校、大學裡頭處理「多元」這個議題的人，一起工作，作為我學以致用社會學的一種方式。簡單來說，多元指的是，這世上各種不同的人，各種不同性別、種族、年齡、社會階級、族群、宗教，以及其他社會特質的人，以各種形式混聚在一起。[1] 例如，在歐美，勞動力的組成不斷在變，目前女性以及拉亞非裔的比例增加，白人以及男人的比例減少。

　　如果多元只是促使組成的成分改變，那麼不會有什麼大問題，因為不同的人在一起會使生活更有趣，促發創造力。例如，相較於同質性很高的工作團隊，成員多元的工作團隊，對於需要採用創意方法來解決的問題，往往更能集思廣益。我們可以確定，多元會帶來一些像是語言障礙、做事方法不同等困難，往往讓人困惑，惹人惱怒。可是我們是那種「腦容量大」的物種，學習力快，適應力強，所以跟不同於自己的人相處，應該不是什麼解決不了的大困難。就像我們到異鄉旅遊，我們就是會學習跟他人相處，寬容差異，並找出這些差異帶來的好處。

8 　　然而，我們大都知道，在這個世上，差異，不只意味著多樣而已。差異，還成為包含我群、排拒異己的基礎，用作獎勵這些人多一點、那些人少一點的理由，當成敬重這些人、但卻不把那些人當人看、甚至視而不見的原因。差異，

被用來成為特權的基礎，這個特權，包括將每個人都應該有的尊嚴，只適用於特定人的身上；這個特權，甚至極端到決定誰該活，誰該死。[2] 工作場所是世界的一部份，世界上充斥的各種不平等與壓迫在工作場所也有，即使我們總把自己想成「同事」或是「團隊」的一員。這些將你我分高低的情況常常帶給我們悲慘的生活，腐蝕社區或組織的核心，因為不公不義、痛苦煎熬所帶來的內部分化及仇恨，會削弱社區或組織的凝聚力。

有些組織意識到，在工作場所，應該要使每個人都覺得自己所作所為能被充分接納，廣為尊重。要能使大家理解這個重要性，可以設計一些課程，幫助大家理解事情的狀況，可能的後果，這些後果對不同的人如何有不同的影響，以及如何把處境變得更好。最困難的部分在於，大家非常不願意討論特權，特別是那些身處特權位置的人。每當有關種族或是種族主義的議題出現，白人好似被罪惡感還是其他什麼不敢說出口的感覺給癱瘓，總是靜默不語。要不然就是很抗拒，憤怒而防衛，好似自己沒作什麼卻受到人身攻擊。要是提及性別或性別歧視的議題，男人也有類似的反應。

由於處於特權位置的人對於檢視特權總是反應不佳，女人、黑人、拉裔美人、男同志、女同志、工人，以及其他團體，也往往就不會提起這個話題。他／她們知道，若是挑

9

戰這些特權階級，讓人感到不舒服，對方很容易利用特權來
報復。所以呢，在大部份的組織中——其實哪裡都一樣啦
——人們通常不會檢視現實狀況，而是陷入兩種困境：一
種就是陷入那種罪惡感、責怪他人、防衛自己的循環，另一
種就是完全迴避討論特權這種議題。不論是哪種方式，原有
破壞人們生活的這種型態，以及所造成的後果，都會持續。

　　為什麼會這樣？原因之一是，人們思索事情時，總是
傾向個人化，把社會啊，公司啊，大學啊，就當作好像特定
時空下一堆人的聚集。很多作家都為文指出個人主義如何影
響社會生活。個人主義使得我們彼此隔離，促發分離你我的
競爭關係，阻礙社區意識（那種同舟共濟的感覺）的發展。
個人主義的衝擊還不止在於影響我們參與社會生活的方式，
也影響我們如何**看待**社會生活，如何理解社會生活的方法。
如果我們看待每件事的始末，都是從個人的角度——這些人
的個性、生命史、感受，以及行為——這樣就很容易覺得社
會問題都是來自人們人格特質的缺陷。如果我們社會有藥癮
的問題，那就是因為有些人就是很難抗拒誘惑。如果社會存
在著種族主義、性別歧視、異性戀霸權、階級主義，以及其
他種的壓迫，那一定是因為有些人出自於個人的需要，非得
以這些壓迫人的方式來表現。如果社會有什麼惡果，那一定
是這些惡人的惡形惡狀惡念頭所導致的。

　　如果我們是以這種方式來看待這個世界——這種方式在美國尤其普遍——這就可以理解，爲什麼那些優勢團體的成員，被問及所屬團體的好處，以及其他人爲這些好處所付的代價時，會如此地不安。例如說，每當女人提到性別歧視對她們的影響，這種個人主義式的思考，就容易使得男人聽到耳裡變成對於自己的控訴：「女人受壓迫，那我不就是那個壓迫她們的萬惡壓迫者！？」男人都不希望把自己看成壞人，而且他們也不**覺得**自己對女人有什麼壓迫，所以他們就覺得性別歧視這種說法是對自己不公平的攻擊。

　　在美國，個人主義得回溯到十九世紀，或是來自更早的歐洲啓蒙時期，個人主義當然是一種現代主義式的思考。在此時期，個人的理性心智被認可，而且理性心智的地位提昇，與宗教和上帝分離，甚至超越宗教與上帝，佔據主導地位。美國個人主義式的思考，有一大半可以溯源到開啓心理學領域的威廉・詹姆士 (William James) 的作品，後來佛洛伊德有關潛意識與人類內心世界的革命性觀點，更在歐美強化了這種個人主義式的思考模式。理解人類生活複雜性與神秘性的主要切入點，在整個二十世紀，都從個人的生命歷程著眼。

　　逛逛書店，看看暢銷書排行榜充斥著各種強調透過「自助」，透過個人成長與蛻變來改變世界的書，就知道個人主 11

義式的思考方式多麼普遍。即使對於國家大事——從戰爭、政治，到國際經濟——個人主義式的思考，也往往把這些國家大事窄化到是那幾個我們認為的主事者的個性在影響一切。如果活在資本主義社會裡的老百姓覺得被剝削，缺乏安全感，個人主義式的觀點就會認為，這都是那幾個大企業家太「貪婪」，或是主政者腐敗無能，欠缺有為的個人特質。類似的觀點來解釋貧窮之所以存在，也會認為是那些窮人的習性、態度以及個人技能所導致，這些人就是欠缺那些一般我們認為要過好生活所應具備的一些要件。要使世界更美好，我們會覺得要找對舵手來領導；或是以新時代 (New Age) 的方式來解放個人意識，以提升個人品質；或是要改變教養小孩的方式；或是把那些無可救藥的人關起來，驅逐出境，或乾脆幹掉算了。心理治療不只是改變個人內在的模式，更逐漸成為改善世界的管道。如果有夠多的人透過心理治療來變好，那麼這個世界也就會自動「康復」。對於貧窮或是都市變得惡質這種社會問題的解決方式，就變得要從個人問題的累積來著手，而不是當成集體的問題來處理。所以，如果我們要減少世界的貧窮，解決方法就在於幫助人們脫離貧窮，或是防止人們陷入貧窮，**一個一個人來**。

　　所以說，個人主義式的思考方式，會使得我們傾向完全以個人的內在世界來看待社會的運行，而不是其他的方

12

式。我們會這麼想，是因為我們發展出「自省」的能力，也就是說，我們比以前更看重「**自我**」。我們是以一種新的方式，來思索我們是誰，我們如何生活。然而，要能這麼想，我們首先就是要能相信我們是以獨立的個體存在著，這獨立的個體是不同於我們社會環境中的社群、社區與社會。也就是說，是先出現「個人」這種**想法**，然後我們才會把自己看做是個人，而這種想法的出現，不過是近幾百年的事。今天，我們更認為社會環境本身就只是個人的集合：社會就**是**一堆人組成的，一堆人**在一起**就形成了社會。要理解社會生活，我們只要理解個人的心理世界就可以了。

如果我們在這種以個人主義思維為主導的社會下長大，社會就是由一堆人所組成的這種說法，很明顯嘛。這種說法忽略了，參與社會生活的個人，彼此非常不同，個人與個人之間，與社群之間，與社會之間，也存在著各種關係。是沒錯啦，如果缺乏人，就不可能形成社會關係，可是人與關係，又是兩回事。這就是為什麼我們這本書的標題，要利用「見樹不見林」這句諺語來玩些文字遊戲。的確，森林就是一堆樹的組成；可是，也沒這麼簡單。森林不只是一堆樹的組成，這些樹還是**以一種特別的關係**在組合，如果只是看到個別的樹木，是看不出其中的關係的。你把一千棵樹橫灑在北美洲的大平原上，你看到的只會是一千棵樹。但是把同

13

一批樹緊密地聚集起來，你就有一片森林。同一批樹，有時候是一座森林，有時候卻就是一堆樹。

樹與樹之間的空間，不是哪棵樹的特質所決定的，也不是所有的樹的特質相加的結果。比這更複雜。關鍵在於，必須瞭解樹與樹之間的關係，才能明白森林之所以成為森林的原因。不只是看單棵樹，看更多一些──不管是家庭、公司或是整個社會──而且還要看人們彼此的關係，這就是社會學的核心。

這麼一件事

如果社會學能教大家就這麼一件事，可充分幫助我們瞭解社會生活，那我認為，這件事就是：**我們總是在一個比我們自身更廣大一點的世界參與著社會生活，如果我們要瞭解社會生活，以及社會生活對人們的影響，我們就必須瞭解那個大一點的世界是什麼，以及我們如何在其中參與。**也就是說，瞭解社會生活的關鍵，不僅僅在於森林，也不僅僅在於樹；森林與樹都要瞭解，還有它們之間的關係，也要瞭解。社會學，就是有關這一切如何產生的研究。

我們所參與那個廣大一點的世界，叫做「社會體系」(social systems)，而社會體系大小形狀不一。大致來說，一

個體系的概念指的是，任何串聯而形成整體的組成內容。例如，我們可以把汽車中的引擎想像成一個體系，有一組零件，以某種組成方式組合而成，使得車子能夠運行。我們也可以把語言想像成一種體系，有字有標點符號，還有把它們組合成有意義句子的文法。我們也可以把家庭當作一個體系——其中有一些元素，互相牽連，而讓我們覺得家庭是個單位。這些元素包括媽媽、爸爸、妻子、先生、父母、小孩、女兒、兒子、姊妹，以及兄弟等等，這些人所在的位置。這些元素還包括這些位置所共有的一些想法，使得這些位置形成一種關係，例如，「好媽媽」應該對小孩有什麼樣的行為舉止，或是什麼是一個家庭，使得家庭成員成為親屬的關係是什麼。如果我們把這些位置，這些想法，以及其他的元素，都納入考慮，那我們就可以把這個組合的結果，稱之為社會體系。

同樣地，我們可以想像公司或是商社，作為一種社會體系。這些社會體系都不太相同——公司或商社，就與家庭不同——不同之處是在於這些體系所涵蓋的元素，以及這些元素組合的方式。例如，公司裡有一些職位，像是總裁、股東；但是「媽媽」在公司體系中並沒有一個位置。公司裡的員工當然可以是家庭中的媽媽，可是媽媽並不是一個會與公司產生關係的位置。這種差異，就是區辨社會體系如

14

何運作、如何產生不同效果的關鍵。公司有時候被稱爲一個「大家庭」，但是如果你把這兩個體系放在一起，就很容易看到這種說法多麼不切實際。家庭不會因爲時機歹歹，或是爲了要減少開支、擴大盈餘，而去「開除」成員；家庭也不會依照誰比較強悍，誰最能賺取利益，來分配餐桌上的食物。[3]但是公司爲了提高股息和股價，會把公司員工排除在外，而位階高的經理可以一方面把公司「大家庭」裡的一些員工解雇，一方面仍獲取公司大部分的年終利潤。

所以，社會生活指的就是，這些社會體系以及人們參與其中，與其產生關連的方式。值得注意的是，我們即使不是社會體系的**一部份**，我們仍能參與其中。從這層意義看來，「爸爸」是我家中的一個位置，而我，亞倫，是實際佔據這個位置的人。「爸爸」與佔據爸爸角色的亞倫，有所不同；而這個不同，是我們很容易忽略的關鍵區別。就是因爲我們老是從個人的角度看事情，所以我們很容易忽略。所謂關鍵區別，就是表示只有一堆人並不構成社會體系，社會體系也不只是一堆人而已，如果我們忽略這點，就很容易用錯力氣來解決問題。

就是這種把社會體系只當做一堆人的想法，使得那些特權階級的人，會在別人譴責這個社會的種族主義、性別歧視、階級主義時，覺得好像自己受到攻擊。「美國是個充滿

種族歧視的社會，白人總是凌駕於其他膚色人種之上。」這
句話所描述的美國，是一個社會體系，而不是在描述我個
人，或是其他任何個人，因為社會體系指的不只是我們如何
參與這個社會，指的還有更多。作為一個人，我可能是身不
由己地身處於這個社會體系，也必定受到這個體系的影響。
不過，這個體系要如何開展運行，還是需要一些條件，包括
我選擇要**如何**參與這個體系。我生於 1946 年，從小就聽廣
播節目長大，包括像「Amos and Andy」這種充斥著對黑人
刻板印象的節目（該節目的演員都是白人）。我就跟其他的
小孩一樣，會依照情境來界定什麼「很好笑」。從白人世界
的白人觀點看來，這個廣播節目當然「很好笑」，而我又是
白人，所以在高速公路的旅途中，我在車上就會跟著大夥一
面聽廣播，一面哈哈大笑。我甚至還會模仿其中黑人角色的
聲音，表演一些著名的台詞，逗得我家人樂不可支。

　　都已經四十多年了，這些歧視黑人的意象仍深深烙印
在我腦海中；一旦這些意象進入腦海，就出不去了。是後見
之明使我看見這些舉動的種族歧視意涵，而這些舉動也與我
所在的社會裡頭，種種不公不義、煎熬苦痛，息息相關。對
我個人而言，我無法把童年過往重新來過一遍，可是**現在此
刻**我可以決定要怎麼樣來處理種族議題。雖然對於這個社
會、或是我身處的生活以及工作場所，我無法馬上剷除種族

主義，可是我可以決定，作爲擁有優勢**位置**的白人，我要如何自處。我若聽到種族歧視的笑話，我可以決定要哈哈大笑還是起身抗議；我可以決定要如何跟那些不被算做白人的人相處；我可以決定，對於種族主義造成的後果，我自己是要提供出路，還是成爲問題本身。我不會因爲這個國家充斥著種族主義，就覺得有罪惡感，因爲這並不是我個人所造成的。但是作爲這個社會的白人，我覺得我有責任要想想如何處理這個問題。要超越那種罪惡感，來思索自己如何能夠造成一些改變，就必須瞭解社會體系不等同於我，我也不是社會體系本身。

　　然而，社會體系與人，緊緊扣連，社會學的任務之一，就是解析這是怎麼扣連起來的。我們可以把社會體系跟大富翁這種遊戲做一比較。我們來把大富翁想像成一種社會體系。大富翁有一些位置（玩家，銀行家）；有具體物質（遊戲板，棋子，骰子，假錢，財產契據，房子和旅館）；17　還有一些觀念想法，產生一些關係，使這些都串連在一起。大富翁有一重要價值觀，顯現此遊戲的精神——要贏——還提供了規範致勝的一些規則，例如可以用騙的。請注意，當我們在描述這個遊戲時，我們根本不用提到參與者的個性、意圖、態度或是其他什麼個人特質。也就是說，這個遊戲本身獨立存在。不論誰來玩，什麼時候來玩，遊戲都是如

此。社會系統也一樣。我們無須描述各個籃球隊員的特徵，就可以知道「籃球隊」作為一種社會體系，與其他種社會體系，有什麼不同。

　　我現在都不玩大富翁了，主要是因為我不喜歡自己玩大富翁的樣子。以前我玩大富翁，我會想盡辦法要贏，甚至跟我的小孩玩的時候，我都會想要贏。而且真的贏了的話，我覺得好爽（**本來**贏了就該覺得很爽吧），即使我心裡是有些罪惡感。為什麼我會有這些行為、這些感受？這並不是因為我個性很貪婪，視財如命，因為我不玩大富翁的時候，我不會這樣。很顯然，我個人是**有辦法**表現得好勝愛財，所以玩大富翁時才會有如此表現。可是更重要的是，大富翁本身的設計重點，就是要贏。當我參與其中，貪心的一面，是最容易致勝的，是條阻力最小的路 (a path of least resistance)。這個遊戲就是要你獨攬財富，這是大富翁的重點。我玩大富翁的時候，也會覺得應該遵守遊戲規則，要追求遊戲設定的價值觀。這個遊戲本身，似乎對於我們玩遊戲的人具有某種權威，你看我們很少有人會想要去改變遊戲規則，從這點就可以看出遊戲本身的權威（「寶貝，對不起啊！」，我把我孩子的最後一塊錢給拿走時，會這樣說：「沒辦法，遊戲就是該這樣玩的啊。」）如果我們就是遊戲本身，我們就可以任意改變遊戲規則。可是，我們對於遊戲——或是體系——我

18

們不會如此看待。我們會把遊戲或是體系，看做是外在於我們的一種系統，所以不是我們說改就可以改的。

人們參與社會體系，會發生什麼事，取決於兩件事：一是系統本身，以及它運作的方式，另一是人們不時身處其中，通常會有的作為。人們會有什麼作為，通常要看人與系統的關係，以及與其他人的關係（玩大富翁時，每個人的位置都一樣——都是玩家，可是在教室裡，有老師有學生，在公司行號，更可能有幾百種不同的職位）。是人，使得社會體系「能夠運作」。如果缺乏人的參與，社會體系就是徒有想法的空殼子。如果沒有人要玩大富翁，大富翁不過就是一盒東西，盒子的背面寫著遊戲規則。如果沒有人要玩「福特汽車公司」，福特汽車公司不過就是一些廠房、辦公室和器材，一堆寫在紙上、存在電腦裡的公司規定跟帳號。同樣地，我們可以說一個社會充滿種族主義、性別歧視，可是若要種族主義或性別歧視確切發生——或是不發生——還需要人們真的對其他人有一些作為。

關於體系這部份，體系會影響我們作為參與者的想法、感受與行為，靠著就是鋪陳出這些阻力最小的路。任何時刻，都有無限多種的事我們可以做，可是我們通常都不會這麼想，而只看到很有限的幾個可能性。這些可能性的多寡，端看我們參與的體系為何。玩大富翁的時候，只要我想

的話，我就可以伸手把銀行的錢都拿過來；不過，我可能不
會想見到我的玩伴對我如此舉動的反應。如果我喜歡的人走
到我的私有土地，我是可以跟他們說，沒關係啦，我**可以讓**
他們休息一下，不用收租金；然後我不喜歡的人來了，我又
開心地收起租金。不過，可能會有人抗議，說我不公平，怎
麼不遵守規定。我又不想讓人對我生氣，也怕他們乾脆不讓
我玩，所以即使我不願意，最好的辦法還是乖乖遵守規定。
我常常就是如此，依照著那條阻力最小的路來行事──任何
其他人在我位置上，也都會看到的那條阻力最小的路。這就
是為什麼很多人即使覺得不太舒服，可是聽到種族主義或性
別歧視的笑話，還是會跟著哈哈大笑──因為在那個場合，
如果不笑，有可能被他人排斥，這可能使得自己感覺**更**不舒
服。最容易的選擇──雖然這種選擇未必輕鬆──就是從
眾。這不是表示我們**就是會**一直從眾，只有當從眾比不從眾
阻礙更小的時候，我們就會如此做。

　　有些場合，阻力最小的路又很不同，像是有時候給朋
友一個喘息的機會，或是抗議人家說性別歧視的笑話，反而
是理所當然的。例如，就我跟我孩子的關係而言，我應該竭
盡所能地幫助他──這是在家庭體系裡頭親子關係的阻力
最小的路（除了我們玩大富翁的時候吧）。這就是為什麼，
我絕不會想讓我兒女在我班上的原因，因為那我就得在不同

體系中兩條相左的阻力最小的路，做一些選擇。作爲一個老師，我對學生得一視同仁；可是作爲一個爸爸，我得把孩子當作最鍾愛的寶貝，凌駕其他人的孩子之上。一個體系中阻力最小的路，在另一個體系卻會遭逢較多的阻礙；社會學家把這種進退兩難的情況稱做「角色衝突」。[4]

20　　所以，社會體系跟人以一種互動的方式牽連。人使得社會體系發生，社會體系鋪陳阻力最小的路，決定了人參與體系的方式。兩者缺一不可，兩者也不能縮減成只代表對方。我的生活並非我身處的種種體系可以預測的必然產物；社會體系也不是我們這些身處其中的人的生命總和。社會體系與人互動這一切所衍生的，就是種種社會生活的類型，種種對人、對社會體系本身，以及對世界造成的結果；簡單地說，就是人世間最重要的部分。

　　表面上看起來，說我們身處在一個比我們自己大一些的地方，看起來道理好像很簡單。不過就像很多剛開始看起來很簡單的道理一樣，這種觀點可以改變我們看世界的方法，也會改變我們自己。

個人主義式的模式，沒什麼用

　　社會學最重要的基本觀點，恐怕就在於理解，**若要瞭**

解社會生活，目前主流的那種個人主義式的觀點，並沒有太多用處。我們任何所作所為，都非空穴來風；每件事都是其來有自。例如，一對夫婦爭執誰該清理浴室，或是都在外上班的兩人爭執誰該照顧生病的小孩，這種爭執並非只攸關這對夫婦個人，雖然表面上看起來是如此。我們得檢視比這種情況大範圍一點的外在情境。我們可能得問問，這種例子跟我們這個男尊女卑的社會，這個除非男性自己想到「幫忙」否則可以不用平等分擔家務的社會，有沒有關連。在個人的層次上，他可能覺得她好嘮叨，她則認為他是個爛人；可是，事情沒這麼簡單。她嘮叨他爛人的說法，有所不足，因為可能換一個社會，兩個人根本一開始就不會爭吵，因為兩個人都會覺得照顧家庭與孩子很重要。同樣地，我們常覺得自己會變成今天這個樣子，是受到家庭的影響，可是我們忽略到，家庭也跟更大範圍的外在情境相扣連。我們遇到的一些情緒困擾，不完全是受到我們父母的影響，因為我們父母參與的社會體系——工作、社區，以及整體社會——也會產生形塑的力量，包括形塑他們成為怎樣的父母親。

　　個人主義式的思考模式會誤導人，因為這種模式太狹隘，會使得我們看不清事情的來龍去脈。還有一個相關問題就是，**只看個人，我們是無法摸清楚社會體系的來龍去脈的**。例如，自殺在某個意義上，是非常個人的舉動，尤其是

單獨一人自殺的時候。[5] 如果我們想知道人們為何自殺，我們通常會先想到他們自殺時的感受 —— 無助、沮喪、深感罪惡、寂寞，或是基於一種榮譽感或責任感，想要犧牲小我完成大我。這種解釋方法，可能可以解釋個別的自殺，但是我們要怎麼解釋特定一年內一個社會所有的自殺？像每年自殺率這種數字到底告訴了我們什麼，更重要的是，說明了些什麼？例如，1994 年全美的自殺率是每十萬人有 12 人自殺。如果我們深究此數字，我們會發現，男性的自殺率是每十萬人有 20 人，而女性每十萬人僅 5 人。隨著種族、國別、時期，也存在著重大的數字差異。例如，白人男性的自殺率要比黑人男性高出 71%，白人女性的自殺率又是黑人女性的兩倍。美國的自殺率是每十萬人有 12 人，但是匈牙利每十萬人高達 34 人，義大利每十萬人又只有 7 人。所以，對美國來說，男性與白人，要比女性與黑人，更容易自殺；美國人要比義大利人自殺的可能性高兩倍，但僅是匈牙利人的三分之一。[6][*1]

如果用個人主義式的方式來解釋這些差異，那我們只會看到個人自殺的總和。如果男人比較容易自殺，那是因為男人比較容易覺得致命地沮喪、孤寂、無用，絕望。也就是說，這種造成自殺的心理因素，美國男性比美國女性更普遍存在，美國人比義大利人更普遍存在。這種解釋也沒什麼

錯，**若是一直這樣講下去**，可能還蠻對的。但是這就是問題：這種解釋方法無法給我們太多線索，因為這種解釋方式根本就沒有回答**為什麼**差異會存在。例如，為什麼男性比女性更覺得無助沮喪，或是為什麼匈牙利人比義大利人更容易覺得無助沮喪？同樣是覺得無助沮喪，為什麼匈牙利人就比義大利人容易採取自殺的方式來處理？要回答這樣的問題，光是瞭解個人的心理狀況是不夠的。我們需要注意，像「女性」、「白人」、「義大利人」這些字眼，代表的是社會體系中人們佔據的位置。因此，注意到社會體系如何運作，如何影響身處其中的人，才能幫助我們解釋自殺率的問題。

　　就社會學的解釋來說，自殺率是描述某個社群或是某個社會的數字，而不是特定個人的情況。每十萬人有 12 人自殺這種自殺率，並沒有描述什麼有關你或我或其他人的狀況。我們這些人啊，有的在某一年自殺，有的沒有，自殺率

*[1]（譯註）1999 年，台灣的自殺率為每十萬人 10.4 人，比美國、匈牙利低，但是比義大利高。同時，美國男性比女性的自殺率高，台灣亦然，男性的自殺率（每十萬人有 13.7 人自殺）為女性的（每十萬人有 6.9 人）兩倍。但是特別的是，根據胡幼慧在《三代同堂：迷思與陷阱》（1995）的分析，台灣兩性的自殺率，到了老年反而翻轉，老年女性較老年男性的自殺率要高。同時，1920 年代老年女性的自殺率僅為年輕女性（20-24 歲）的四分之一，現在老年女性的自殺率為年輕女性的五倍。胡幼慧認為，由此數據透露，老年女性處境堪慮，以往所說的「多年媳婦熬成婆」已不復存在，由於「社會變遷，人際關係轉變」，（與兒孫同住的女性）老人「已不是熬出頭或是享福的代名詞了」（頁 76）。

23

這種數字並不會透露到底是誰自殺。同樣地，人們自殺前的感受，也無法充分解釋爲什麼有些社群或是有些社會的自殺率特別高。個人可以覺得沮喪或是孤寂，可是我們不能說整個社群或是整個社會心理覺得怎樣。例如，我們可以猜想，義大利人可能比美國人不容易沮喪，或是說，美國人比匈牙利人更能有效處理情緒沮喪的問題。可是，若要說美國比義大利來得更沮喪孤寂，這就無法讓人理解了。

　　檢視個人狀況，固然可以幫助解釋何以某個人會自殺，但卻不能解釋爲何社會體系中存在著某些自殺的**類型**。要解釋這些類型，我們必須檢視人們的感受與行爲，這些感受與行爲與社會體系的**關係**，以及這些體系運作的方式。例如，我們得問，社會是以何種方式組織起來的，是這種社會比較容易使人沮喪，還是比較不容易，或是如果一個人感覺沮喪，這個社會是比較傾向鼓勵人採取自殺的方式解決問題，還是以其他方式。我們得檢視，在參與社會生活時，我們所處的社群，如何形塑我們的經驗，如何對於我們可有的選擇設限。到底是什麼，使得自殺對於男人或是白人來說，是一條阻力最小的路。也就是說，我們如何以社會學的核心概念，來探查這個比我們自己範圍更大一點的外在情境，看看這個外在情境如何影響人的選擇。我們如何藉由理解人與體系的關係，來解釋自殺率的變異類型，或是任何其他像是

24

性愛、上學、工作、死亡的變異類型？

　　我們無法只看人，就理解體系的運作，我們也無法只看體系的運作，就理解人的一舉一動。光看體系，好似看到什麼很一致的東西，可是體察身處其中的人，我們又會看到其他完全不同的面向。例如，如果我們檢視像是戰爭這種東西所造成的大規模的破壞與苦難，個人主義式的模型，就會把參與戰爭的「那種人」，與戰爭的起因劃上等號。如果戰爭很殘酷、血淋淋、殘暴、擄掠，那就是參與其中的人很殘酷，很嗜血，很殘暴，性喜擄掠侵害他人。目睹著戰爭帶來的大屠殺與大毀滅，我們總是要問：「是什麼樣的人做出如此殘暴的事？」然而，從社會學的觀點來看，這種問法會誤導人，會把社會現象簡化爲「什麼樣的人」的源由，忽略了這些人所身處的社會體系。我們多多少少都身處於某一兩個社會體系之中，所以某人丟了顆炸彈，造成幾千人的死傷，僅僅問「到底是什麼樣的人會做出這種事？」並無法解釋事情的來龍去脈。事實上，如果我們看看那些真正參與戰爭的人，在大部分的標準下，他們看起來都蠻平常的，一點也不會嗜血殘酷。例如，從一些描述戰役的書可以看出，參戰的軍人不是索然無聊，就是恐慌地六神無主。他們不太在乎什麼奮勇殺敵的榮譽，比較擔心自己如何不要受傷，不要陣亡，如何與戰友全身而退，平安回家。對大多數士兵而言，

25

殺人，以及無時不刻可能被殺的恐懼，都是重創心靈的經驗，往往因此徹頭徹尾地改變了這個人。他們並不是因為有什麼殺戮暴戾的內在需要，才上戰場。他們上戰場是因為他們覺得這是自己應盡的義務，是因為拒抗徵兵令會進監獄，是因為他們看了那些刻畫戰爭的書和電影，以為上戰場冒險犯難才是堂堂男子漢的表現，或是他們不想讓親友唾棄他們，以為不上戰場就表示不愛國。

　　人不等同於社會體系，社會體系也並非就等同於一堆人，這意味著參與社會體系的人未必是好是壞，才能產生善終或惡果。身處社會體系中的好人，卻製造一些可怕的惡果，這是常有的事。有一些像是買衣服買菜的小事，常讓我有此體會。美國很多賣的衣服，是在洛杉磯、紐約這種大城市，或是在第三世界國家一些壓榨人勞力的工廠製造的。這類工廠裡的勞工，其實跟奴隸沒什麼兩樣，他們薪資非常低廉，根本無法靠此維生。商店裡很多蔬果是由農場裡的外籍勞工採收的，他們的情況也好不到哪裡去。如果我們提供這些勞工良好的工作環境，足以養活自己的薪水，衣服跟食物的價錢就會比現在的高很多。這表示，這數以千計的勞工，每日受虐待，受剝削，我卻從中獲益。我從中獲益，並不表示我就是個壞人，可是我在這個社會體系的參與，卻使得我與這些人的遭遇有所牽連。

跟我們有關，也跟我們無關

如果我們就從這個想法出發——我們總是參與一種比我們自己範圍大的情境，總是社會生活由此而生——那麼我們就得認可，我們對於各種社會後果，不管是好是壞，都有所牽連，即使有時候是間接地牽連。如此說來，不論我的膚色爲何，如果我身處一個種族主義的社會，那我就與白人的優勢與種族歧視的情況**有所牽連**。我個人可能並無種族歧視的想法或舉動，我甚至還很痛恨種族主義，但是這還是與社會學的核心思想無關。我身處社會之中，我就多多少少與種族主義有所牽連。[7] 如果有人因爲我是白人，就覺得我講的話比較有道理，不論我是否注意到這點，我都因爲種族主義而受惠，如此，我也就不知不覺地參與了種族主義的運作。這就牽涉到社會如何運作，**以及**我如何參與的問題——我是積極地主張白人至上，還是公開表示反對種族主義，還是就自顧自個兒的，假裝什麼問題也沒有。

在一些討論多樣性的訓練課程中，這個簡單的觀點可以戲劇性地改變人們看待一些棘手議題的角度，也幫助我們看見自己與這些議題的關連。這對於那些身處於優勢位置的人特別有幫助，要不然他們總是逃避去檢視特權的本質與影響。他們這種防衛心態，恐怕是對於終結種族主義、性別歧

視，以及其他社會壓迫，最大的障礙。為什麼會這樣？因為他們就像大多數人一樣，陷入一種個人主義式的世界觀，找不到一種方式，既可以認可社會的確存在著種族特權，然後又不會覺得個人受到攻擊而罪惡。最容易覺得罪惡的這些人，又常常是最可能樂於做點什麼來改善現況的人。他們要是能從社會學的觀點來檢視像是種族主義這種問題，他們就可以瞭解，這種問題跟他們有關，又跟他們無關。跟他們無關，是因為並非由他們造出這個種族歧視的社會。作為一個白人小孩，從來沒有人問過我的意見，看我是不是認可白人以「Amos and Andy」這種節目來嘲弄黑人，是不是認可將黑人置於白人之下。如果**真的**有人問我，我想我那時候那麼小，也搞不清楚狀況，不知道要反對這些。從這層意義看來，在種族歧視的環境下長大的白人小孩，聽到有人對於白人至上社會的存在感到憤怒，對於種族主義造成的苦難後果感到忿忿不平，大可不必覺得罪惡。

然而，種族主義跟我個人也有關，因為不論我有沒有特別注意，對於如何參與這個種族主義的社會（而這種社會使得複製白人特權成為阻力最小的路），我總是有些選擇可做。不論我個人的行為為何，作為一個白人，我就是會享受一些特權，而這些特權是奠基在犧牲他人的權益上。種族特權是建築在這個社會體系裡頭，這表示說，不管我喜不喜

歡，相不相信，甚至不管我做什麼，我都會碰觸到這種特權。我在購物中心買東西，售貨員還有保全人員不會緊盯著我，把我當成小偷。他們不會盤查我，指著我問「有什麼事嗎？」，好像我是個嫌疑犯，而不是個真的要買東西的人。可是黑人常常受到這種待遇，而且就算他們穿著整齊，打算買貴的東西，仍然會受到這種待遇。[8] 大家都會認為，每個人都應當受到尊重，可是有些人會受到尊重，有些人就是不會，而受不受尊重就僅由我們屬於哪一種社會群體來決定，如此，社會特權已然在運作。不管我喜不喜歡，作為一個白人，我就是受惠於一些別人得不到的好處。只要我看清這點，就很難不去面對我藉由參與這個社會體系所造成的種族歧視後果。我的責任是什麼？我能做什麼來改變現況？我如何能夠提供出路，而不要成為問題的一部份？

也就是說，社會學讓我意識到，我正身處在比我自己範圍大一點的環境中，這個世界並非我所創造，這使我不會為這些社會問題感到罪惡自責，這畢竟不是我的錯。然而，社會學同時也讓我瞭解到，對於如何參與這個社會，我是如何在做選擇，而我的選擇又帶來什麼效應，為什麼會有這些效應。我不會僅僅因為我是白人就覺得罪惡，但是我也不會奢侈地認為，種族主義與種族特權與我一點關係也沒有。[9]

個人式的解決之道，無法處理社會問題

　　如果社會生活的形成，是根基在人，**與**我們所參與的社會體系，那這也就是我們尋求改變的出發點。個人式的解決之道，就是很個人，很個別，除非能外延與社會體系相牽連，否則無法解決社會問題。個人主義式的模式會使我們以為，只要有足夠的人改變，社會體系也會跟著改變，但是社會學的觀點告訴我們，要改變並沒有這麼簡單。問題就在於，社會生活並非僅是眾人個人特質與行為的累加結果，因為個人特質與行為也是參與種種社會體系所形塑的。這樣說來，社會生活端看人們如何透過社會關係而產生連結；除非社會關係有所改變，否則社會體系不會改變。

　　個人主義式的模式不會有用，因為個人式的解決之道，往往是為了個人的需求，只注意到個人的需求，就是一種阻力最小的路。一旦我們發現一種可以解決我們個人問題的方法，我們就完成了我們的目標，很容易就把問題丟在腦後，而不會繼續幫助其他人也解決問題。例如，在美國，經濟上缺乏保障的問題，往往就是以個人式的解決之道來處理的。經濟上缺乏保障，似乎是資本主義社會大多數人所共有的狀況。我們常常不去質疑到底是什麼社會體系，使得我們覺得經濟上沒保障，我們常就只是在這種經濟缺乏保障的體

系中，努力工作，為自己建立經濟上的安全地帶。最容易做的就是，緊守自己所有，讓其他人自己想辦法謀生。所以囉，這樣做的話，一個社會的經濟匱乏與貧窮的狀況，並不會改善。也就是說，**社會**的問題並不會解決。反而，眾人就好像在玩搶位子的遊戲一樣，在各種貧富貴賤等級中進進出出，輪流更替。我只要搶到一把椅子就好了，為什麼還要問：怎麼沒有足夠的椅子，讓每個人都有一把。

社會學對於改變社會，採用更複雜的模型，同時著眼於社會生活的不同層次。就以污染問題為例吧，世界上越來越多的地區必須處理這個問題。假設說，你鎮上的居民開始發病。很多小孩都沒去上學，鎮上診所跟醫院的急診室也都擠滿了病人。醫生發現，民眾是受到有害化學物質的感染。

僅從個人主義式的模型來看，我們可以說，我們已經找到人們生病的原因。就個人層次來解決問題的話，我們可以救治每個病人，讓他們康復，然後改變他們的生活習慣，以避免再次生病。如果是水中存在著有害的化學物質，那就不要飲用生水，可以買罐裝的飲用水。每個人就有瞭解決問題的方式：如果買得起罐裝水的話，買罐裝水，甚至，還可以在自己家裡裝設昂貴的濾水系統。結果，大多數地區都會有人可以自力救濟，可是有人就沒辦法，這表示還是有人會繼續生病。當然啦，我們也可以藉由法令規定，提供窮人補

助買罐裝水，減少這種不平等待遇。但是，對於根本的水污染問題，這一切都不會有什麼作用。我們只是想辦法不要喝到這些水而已。

把這個問題放在一個社會學的層次，我們就得探問有關社會體系，以及人們參與其中的方式；到目前為止，對於民眾生病的事，我們都還沒有把它當作是一個體系的問題。民眾被告知要改變他們參與這個體系的行為——不要生飲生水。但是，我們仍未提及如何可能改變人們參與的這個體系。假設說，我們從每家的水龍頭追蹤有害物質，發現有害物質來自地方上的蓄水池。從蓄水池我們又追蹤發現周圍的土壤還有一條河流有點問題，然後我們又發現有害物質原來來自一個雇用大量鎮上居民的化學工廠。現在，我們對於民眾為何生病，有了不同的解釋，也有了不同的解決之道：要讓這家化學工廠停止隨意傾倒化學廢棄物，以免污染鎮上的水源。

然而，假設化學工廠的人說，他們沒辦法這樣做，因為成本太高了，他們這個產業競爭激烈，如果真要他們好好處理這些廢棄物，他們只好遷廠，遷到那種在乎工作勝於飲用水的小鎮。如果工廠老闆關廠，鎮上很多人就會失業，失業效應會席捲全鎮，因為大家都沒錢消費，也沒錢交稅，學校經營也會有問題等等。現在呢，民眾生病的問題，就不只

是攸關工廠經營的模式而已。這還攸關一個更大範圍的體
系，工廠參與這個體系，而這家公司掌握著鎮上居民的飯
碗，對這個社區有著主宰的位置。經濟體系的性質——競
爭激烈的全球資本主義——影響了工廠經營者的行事方
式，由此影響了民眾飲用水的品質。這個經濟體系，又與那
種渴望獲利的價值，那種對私有財產有權任意作為（甚至包
括在自己「擁有」的土地上，或是在流過自己私有財產的河
川中傾倒廢料）的價值，息息相關。鎮上居民終究要面對這
家公司主宰民眾生活的威力，也得在種種有關社會應該如何
設計的不同價值中，做一選擇。*[2]

　　把問題帶到體系的層次，並不表示我們可以忽略個

---

*[2]（譯註）我們時常將健康與個人「不良生活習慣」連結，往往忽略了這裡所說的
「社會體系」的層次。陳美霞就提出，台灣癌症基金會公布年度防癌白皮書時，提
出台灣癌症發生的重要因子，主要是包括抽煙、酗酒、嚼檳榔、蔬菜吃得少等個
人的不良生活習慣所導致，所謂的「防癌十二守則」，也就是在不抽煙、不酗酒、
不嚼檳榔、多吃新鮮蔬菜水果等個人改進之道來著手。陳美霞指出，「個人的行
為是社會環境的產物，一個人所以抽煙、酗酒、或嚼檳榔，可能是因生活所逼、同
儕的壓力、廣告的誘惑、工作的需求、政府不當政策等等複雜的社會環境因素，若
不改變這些因素，片面要求個人改變行為，效果是有限的。」陳美霞還提出，像是
長期暴露在有毒氣毒物的工作場所，亦是致癌的重要原因，這些往往是藍領工人的
癌症患者，罹患癌症的原因，不是這些人的「不良生活習慣」，而是雇主提供了有
毒的工作場所。工業污染以及有毒廢物所造成的空氣污染、水污染等，也與許多
種的癌症的發生有關，這需要企業界與政府等單位來討論其社會責任，「不良生活
習慣」的說法，模糊了防癌需要巨大社會改造工程的治本面向。（見中國時報，
1999. 4. 11，頁 15，時論廣場，「防癌，政府與企業的社會責任」。）

32　人。這不是非 A 則 B 的問題，因為社會學是要檢驗社會生活與社會體系的關係，**以及**人們參與其中的方式。人們總是錯誤地自我設限，認為問題要不就出在「社會」，要不就出在某些人。但是社會生活並非如此運作，很少是非此即彼的情況，很少只是社會的問題，或某些人的問題，因為社會與人總是牽連在一起。社會學的挑戰，就是要探查這種牽連如何運作。如果我們不是這麼做，我們有時好像覺得社會問題的出現跟人一點關係也沒有，有時又覺得人們好像活在一個真空管，社會對人好似一點也沒有影響力。其實還有第三種選擇：並不是非此則彼，而是都有關連。若非人們不時地做改變，社會體系也不會改變；而且若只靠個人式的改變，並無法撼動社會體系。

更複雜，也更有趣

　　像「體系」以及「個人」這種說法，把事情給簡單化了，變得好像很截然二分，事實卻非如此。這種分法會使我們把體系看成物件，看成好像是僵硬的模子，人得以定型地塞在裡頭。有些時候，社會體系比較像「某某東西」，我們可以指出其中的一些特質，像是規則、硬體陳設、或是人們參與其中的位置。就以「學校」為例吧，說到學校，浮現的是一些我們都知道的圖像──教室有成排的桌椅，黑板、

自助餐廳、體育館、圖書館、電腦、學生、老師、兩旁放有
置物箱的走道、固定時間響起的鐘聲、校規、成績、學期、
假期、教學、學習、畢業。我們叫學校的這個東西，其圖像
已經相當根深蒂固地烙在我們腦中，所以某些時候，我們的
學校經驗，好像是在經歷某某東西。也就是說，我們可以把
學校想成是我們之外的某個東西，是「它」，而不是「我」，
也不是「我們」。人們去上「它」，人們在「它」裡面工作，
但是人們不是「它」，「它」也不是人們。這樣來說，學校
就像是放在盒子裡的大富翁遊戲。我們把它拿起來（去學
校），我們玩一玩它（教學、學習、行政督導），我們又把它
放回去（回家）。我們可能會認為，這差不多就是它大致的
情況了。

　　但是社會生活比這個更複雜，也更有趣，因為社會體
系並不是某某**東西**。社會體系是一種持續進行的過程。人們
有所行動，想要讓體系**運行**，體系也不斷地改頭換面，推陳
出新。在我們進到學校這個體系以前，我們與學校的關連，
不過是白紙黑字，不過是心中的圖像。我們真的進入學校這
個體系，的確會有一些例行的類型會影響我們的行徑，但是
類型之中又存在著極大的變異，因為我們自己還會決定要如
何參與學校體系。「它」不會每次的風貌都一樣的，因為我
們稱做學校的這個東西，不止跟我們以為學校作為一個社會

體系的種種樣子有關，也跟人們身處其中的所作所爲有關。我們可能身在其中，卻不這麼覺得，但是任何時刻、任何人都可能做一些出其不意的事，因而改變了當時學校運作的內容。我們對於學校大致的瞭解，可能像我們對大富翁大致的瞭解一樣。這種大致的瞭解，可以幫助我們預測在某一天某一所學校大致上進行的狀況。但是，還有很多是我們無法預測的，因爲很重要的是，「學校」是什麼，端看學校實際的運作狀況。這樣說來，「學校」指的其實就是我們認爲自己「在學校」的種種作爲。

34　　　社會生活以及社會學複雜又有趣的地方就在於，這兩種看事情的方法都是對的。我去上課，面對我的學生時，我可以感受到學校這番模樣如何對我造成一些限制。我知道大致上他人期待我要做哪些事，也知道做什麼在那個場合不太適合。可是當我坐在那裡，面對我的學生，空氣中也有一股疑問：「那，今天我們要上些什麼？」我們都知道，在學校的時候，很多事是不會發生的，可是我們也不知道到底**會**發生什麼事，因爲事情還沒發生嘛。所以呢，我做了個開場白，可能有個學生問個問題，或是對閱讀教材發表了一些意見，也可能有些意想不到的事情會發生。就是從這開始，「學校」開展起來，就從我們每一刻選擇要給「學校」什麼內容，而開展起來。如果我們想要解釋那一刻發生了什麼

事，只瞭解學校作為一種社會體系，是不夠的，只瞭解那些在教室裡的個人，也是不夠的。兩者都需要瞭解。那一刻發生了什麼事，端看人們身處其中的情境，以及對於如何參與其中的決定。

還要更複雜更有趣的是，很重要地，我們的處境都不一樣。因為我們在每個體系佔據的是不同的社會位置，我們的經驗也會大不相同。社會體系給予我們不同的形塑力量，不同的限制，我們參與的方式也會不一樣。學校到底是什麼，還要看你是老師還是學生；是女人還是男人；是亞裔美人、原住民、白人、拉裔美人，還是非裔美人；年紀大還是年紀小；勞動階級、下層階級、中產階級、還是上層階級；外地人還是本地人；異性戀、雙性戀，女同志還是男同志；有工作還是失業中；已婚還是單身；有小孩還是沒小孩。對於我們與他人、我們與體系的關係上，這些特質把我們置於不同的情況。這些特質會影響我們看待自己與別人的方式，會影響別人看待我們的方式，也會影響我們身處社會體系之中，使之運作時，如何互相對待的方式。當我們說，「我們總是身處於一個比我們自己範圍大一點的東西裡頭」，很重要地，我們還得記得，「我們」不是一個同質性的字眼。社會生活中，「我們」是複數，而社會學很重要的任務是，要來檢驗這個多重「我們」的狀況，如何影響社會生活的運作。

35

進入社會學的實踐

　　各種社會學的實踐，之所以「**很社會學**」，在於同樣問了一個基本的問題：人們參與其中的是什麼，人們又如何參與？社會學的實踐，可能會在這兩個問題之間衝撞，有時比較強調其中一個問題，有時又著重另一個問題。例如說，研究人們如何利用語言來影響別人看待他們的方式，可能就不太討論其中的社會體系部分。或是，有關世界經濟的研究，也可能不會檢視人們與這經濟體系互動的幽微細節。但是，體系與人的互動牽連，永遠存在，等著我們追蹤檢視，好對這張社會生活的綿密大網做更深入的瞭解。雖然這本書後面的篇章，比較著重在社會體系的分析，但是我們對於體系與人的互動這部份的檢驗，是一直存在的，因為，如果不是人們時時刻刻使得體系運作發生，那就沒有體系可以研究，就沒有什麼好說的了。

文化——

符號、觀念和生活的種種

2

The Forest and the Trees

見樹又見林

36 　　當我坐在辦公室也正巧就是我的住所，正在鍵盤上打出這些字，我聽到一陣轟隆巨響，從西方黑暗的天空傳來。當我說「我聽到」，狹義的是指空氣振動造成的任何聲音。振動的空氣衝擊我的耳鼓，使得耳鼓也跟著振動，我耳內的複雜結構把這震波轉換成電子脈衝。脈衝到達我的大腦，我就「聽到了聲音」。當我「看見」黑暗的天空，是因為光線進入我的眼睛，轉換成電子脈衝，進入我的大腦，於是我可以感知視覺影像。當然，不是就此為止，因為一連串詞彙(words)隨即閃過我的意識：「哦，打雷了！」我停止打字。接下來更多詞彙在我腦海中閃過：「就要下雨了，雨水會打在樓上的窗戶上。」我上樓去把窗戶關上。又有更多的

37 詞彙在我腦海中閃過：「我最好把電腦關上，免得被閃電打到當機。」我關上電腦，拔下插頭，站在窗邊遠眺。但是天空沒有閃電也沒有下雨。西邊天空逐漸放晴，我對自己說：「虛驚一場。」就回去工作了。

　　剛才發生的這些事，說明了一個社會生活的基本面向，使得這一切變得可能。我身體有一連串的經驗，振動傳到我的耳朵，光線進入我的眼睛，電子脈衝進入我的大腦，但是我並不就此打住，我用詞彙來指涉振動和光線，我把一陣滾動的聲音稱為「雷聲」，把黑暗的天空稱為「要下雨的烏雲」，把它們連起來成為「閃電和雷雨即將到臨」。我並不

因為聽到和看到而採取行動，我是因為詞彙對我的意義而做出反應的。

當我藉由詞彙把我聽到和看到的賦予意義，我在身體感官上建構出一個**真實** (reality)。我開始想可能會發生什麼事，即使當下還沒有發生。「暴風雨」其實只存在於我的想像中，存在於一些詞彙中，而我以這些詞彙理解暴風雨，理解暴風雨可能造成的災害。我的行為完全是根據我怎麼想而產生的。如果我想的是不同的詞句，例如：「皇天聖母正在生氣，她在對我生氣呢！」，我就會有不同的行為。

我們總是以為我們所住的世界就「真是如此」。換言之，當我聽到滾動的聲音我認為是「雷聲」，那一剎那間我並不知道我在做什麼有創造性的事，我也沒意識到我正**選擇**一個詞彙，賦予我聽到的聲音一個意義，我反而以為詞彙與聲音是同一個東西，那聲音就是「雷聲」。換言之，**真正對我有意義的不是聲音本身，不是衝擊我耳鼓的振動空氣，而是我用來形容聲音的詞彙和觀念，這些詞彙與觀念使得聲音產生意義。真實其實是我腦袋想出來的。**如果我用不同的詞彙形容這聲音——「掩護士兵前進的砲火」——我就創造了不同的真實。我不是指當我命名這聲音，我就創造了聲音本身，聲音是什麼向來就是什麼。我所建構 (construct) 的是我認為這聲音的**意涵**，聲音對我來說的意義是什麼，我就依照詞彙來行動。

38

我從哪兒得到的詞彙？我從哪兒得到這詞彙涵蓋的想法，促使我採取這個行動而不是那個行動？答案是，我所參與的社會是有**文化**的，那文化包括一些詞彙和想法，人們可以用這些詞彙和想法來命名和解釋自己的經驗。如果我住在一個不同的社會，有不同的文化，我可能會把這聲音和超自然的東西聯想起來，而不只認為是「天氣」而已。我不住在另一個社會中，當時也就不會那樣想。人類最了不起的一件事，就是我們有能力運用文化創造我們實際上居住的世界，從無到有。大多數我們視為「**真實**」的，不是它們本身是「**真實**」的，而是人們發展出來**對**事物的**想法**，使得我們**以為**事物就是這樣。文化就是這些想法集結起來的，我們在其中找尋我們需要的工具，以便瞭解萬事萬物，包括我們自己。

建構真實

每個社會體系都有其文化。我的社會學課堂有它的文化，通用汽車公司有它的文化，加拿大也有自己的文化。文化主要包括符號 (symbols)，特別是語言中的詞彙和各種想法，形塑我們對各種事物的看法，從我們與他人的關係，到生命的意義。文化也包括音樂、藝術、舞蹈和宗教儀式的實踐。它包含我們形塑我們周遭物質世界的方式：從我們怎麼

從沙土做出矽，再用矽製成電腦晶片，到如何建築城市，到如何把花和植物安排成我們熟習的花園形式。文化既是物質的，就是社會生活的那些「東西」，同時也是非物質性的，就是符號和各種想法，我們用這些符號和想法來思考並且賦予任何事物意義。

　　符號使得文化成爲可能，因爲符號我們才能夠賦予一些東西意義，否則那些東西會被認爲是另外的一些東西。符號是我們造成句子的材料，句子形成想法，例如：「雷聲意味著暴風雨將至」，或「資本主義是世界上最好的經濟體系」。當我們命名一個東西，例如「雷聲」，在最簡單的意義下，我們藉著對它的感受，創造了與它的關係。如果我們沒有爲它命名，我們就不會注意到它，就不會在生活中和它建立起關係，那麼它對我們也就「無關痛癢」了。例如：我們把天空中的一個點的光稱爲「星星」，我們把「星星」變成文化眞實的一部份，在這個意義下，我們把原本會認爲是其他可能的東西，變成了我們感覺是眞的星星，不管我們怎麼命名，那一個閃光的點還是繼續在天空中閃閃發光。作爲物種之一的人類，我們會忽略很多在身邊周遭的事物，因爲它們太多了，多到我們不可能去注意到它們全部，我們的注意力只能集中在一小部份上。我們藉由符號命名事物，才能把我們的注意力集中在這些事物上，我們才能建立一個眞實，

活在其中。正如哲學家蘇珊・朗格 (Susan Langer) 指出，用符號去建構眞實，是人類之所以能成爲人類最重要的關鍵：

40

> 對人類來説，只有一小部份眞實的事物是實際在身邊進行發生著，一大部份是由於<u>他</u>看到、聽到，而使<u>他</u>想像得出來的。…也就是<u>他</u>的世界大過於<u>他</u>身邊的刺激，世界的大小是藉由<u>他</u>一致穩定的想像所能到達的範圍來度量的。動物周遭的環境充滿了影響他感官的事物。…<u>他</u>並不是處於一個時空連貫的世界中，也就是那種即使<u>他</u>們不在場或沒有興趣，也會綿互存在、事件不斷的時空中；<u>他</u>的「世界」是零碎片段地存在的，隨著<u>他</u>的各種活動開啓結束。人類的世界都是各種事件連接一起，彼此接合，無論是以什麼曲折的方式接合，總是在一個大的時空架構下接連起來。…這就是人類的**世界**。¹【「他」字下的底線是譯者加上的，原文是 his】

在我們繼續討論之前，請注意在這段文字中朗格用來指涉人們的詞彙。每回朗格都用陽性的「他」來指涉人們，卻不曾用陰性的「她」或代名詞「他／她們」，即使談到動物也用「他」而不用「牠」。假設在上述段落，我們把談人類的「他」換成「人們」或「他／她們」；談動物的「他」改成「牠們」，讀者的感受會怎樣？*[1]

在朗格的原文中，「男人」明顯地代表「人類」而把 41
女人排除在外。既然，我們以詞彙來建構眞實，什麼樣的眞
實是由這樣的文字建構出來的？在這建構的世界中，男人和
他們的作爲是人們關注的中心（以男性爲中心）；男人就是
標準，是作爲「人類」度量和評斷的準則（認同男性）；女
人相對地隱而不見，也就被低貶，臣屬於男人而讓男性宰
制。對我一個男人來說，閱讀原文很容易，但是對一個女人
來說，讀到陽性代名詞時，卻要在腦海中對自己說：「其
實，那指的是一般的人們，也包括我在內，因爲我也是
人。」身爲一個男人，我不需要經過類似的思考過程才發現
我所在的「人」的世界，這正是我活在其中的父權世界，給
予男人的性別優勢。＊[2]

＊[1]（譯註）譯者在此對原文做了小小的更動，説明如下：作者在原文中把代名詞改
　　寫後的段落文字又重新寫一次，爲了節省篇幅，譯者省略了修改後的段落，把作
　　者質疑的代名詞以底線標出，再加上最後一長句補充説明，使得閱讀順暢，也能
　　充分表達作者原意。另外，要指出的是：英文的「they」是中性代名詞，但是中
　　文的「他們」卻是以男性的「他們」代表，譯者建議可以改用「他／她們」。

＊[2]（譯註）作者在這裡強調的是：語言文字不是中性的，也不是「價值中立」的。
　　當我們用語言詞彙建構眞實時，我們建構出來的眞實其實是帶有位階高下的文化
　　價值。例如：男優於女的價值可以在文字中看到：「通姦」、「奸詐」都是以女爲
　　部首，可見中國文化中女性被視爲德行不良的實行者。人優於動物的價值可以在
　　早期文字中看到。在中國曾有個少數民族被稱爲「玀玀」，因爲他／她們被當成動
　　物而不是人類來看待，1949 年中國政府明令修改成儸儸，表示尊重。我們文化中
　　認爲性是不好的，我們用手自己慰撫自己的性器官被稱爲「手淫」。反對此價值的
　　人會用「自慰」來代替「手淫」的價值觀。

　　與其忙著挑剔朗格使用語言的毛病，不如重視她寫下此段文字的年代：那是 1962 年的美國社會，當時的文化不可能使她意識到她所使用的語言的性別意涵。她就像她周圍大多數的人一樣，在使用的語言中創造真實，與她在當時生活和寫作的文化之真實相當吻合。她寫作時所「見到」的，和我現在讀到她的文字時所「見到」的，大不相同。這正是她和我的觀點不同之所在。

　　我們可以用語言建構各式各樣的真實，包括我們不能經由我們感官經驗的真實。比如：我們可以聞到或觸摸香蕉，但是我們不能聽到、聞到或觸摸到所謂的愛。我們可以看到別人怎麼對待我們，我們可以解釋為他們愛我們。但是行為本身不是愛，而是我們把它想成：這行為**意味著**這個人愛我們。我們稱之為愛的，是我們認為存在於我們可以看見和聽到的背後。這是關於別人怎麼看待我們、認定我們和感受到我們，沒有一件是我們可以直接觀察到的。當有人說「我愛你／妳」或「我對你／妳有深厚的感情」，這些字眼不是愛的本身或愛的感覺，而是**關於**愛和感覺。我們用詞彙去建構我們視為是真實的——這個人愛我們，更重要的是，我們認為我們創造的真實，就像一把椅子或一架鋼琴一樣的真實，因而有所反應。雖然，可能正因為如此，我們不能真正地看到或聽到這詞彙所代表的，我們還是可以使用各種方法使得

某人對我們這麼說，或是要某人證明他／她真有此心意。

與愛不同，一個「原子」是科學家有一天可能看到的。即使他／她們看到了，對大多數人來說，原子只是以「原子」這個名詞代表的觀念存在。在這詞彙發明以前，我們現在所知道的原子對我們來說並不存在！但現在，任何讀過高中科學課程的人都知道有原子是「真的」，即使我們不曾見過它。我們所看到的文字是由那些宣稱原子存在的人寫的，語言文字就足夠建構出我們視為的真實，因此是有一種東西，我現在看不到，將來也看不到，但命名這東西的詞彙，能把我和它連接起來。例如，我只能猜想，我的手、我的電腦和眼睫毛是由原子組成的。我們使用的所有語言文字，就像一條細線，把我們和它命名的東西串連起來。語言文字編織了真實，把我們與真實連上關係。

在這意義下，符號的力量遠遠超過它標示的東西，例如這是一棵楓、這是樹、這是愛、這是愛因斯坦的相對論。符號也使我們覺得我們與外在真實相連，沒有符號，大多數我們所「知道」的，和經驗過的，對我們來說並不存在。我們對過去就不會有記憶，除了我們會有視覺和味道的感官記憶形式之外。我們也不會有現在，也不會對未來有任何臆想，我們不能與我們過去的經驗有關係，我們也無從與他人分享我們的經驗。這就是為什麼，在很多社會中有說故事的

傳統，在另一些社會中有歷史的傳統。讓我舉個例子：回到1970年代，在我社會學導論的課上，我以1968年民主黨在芝加哥進行的總統黨內提名選舉大會爲例，說明人們對於同一件事有不同的理解版本。在大會堂外頭，有洶湧的反戰示威，示威人士與警察之間的衝突引發暴力對峙。當我在電視上看到現場轉播的畫面，我認爲是警察發動的暴力鎮壓，攻擊手無寸鐵的示威者。但是當我拿起第二天的芝加哥地方報紙，大標題卻寫著反戰示威人士掀起暴動，被英勇警察鎮壓，他們只是執行任務而已。*[3]

44

　　早年我教書的時候，只要向學生提起1968年民主黨大會，學生就知道我指的是什麼。隨著時間的消逝，一批新學生對此事毫無印象，他／她們不知道我在說什麼，所以我必須說個故事給他／她們聽，以一連串的詞彙把他／她們和他／她們不曾經驗過的事件關連起來。我必須建構一些東西使得他／她們能把它當成一個眞實來看待、來認識。當然當年

---

*[3] （譯註）台灣的「美麗島事件」，也有類似的理解版本的差異。1979年12月10日「世界人權日」，黨外人士（當時還在戒嚴時期，不准籌組政黨，凡是反對國民黨的人稱自己是黨外，創辦很多黨外刊物，其中有一刊物取葡萄牙人稱讚台灣很美麗之意「formosa」，名爲「美麗島」）在高雄舉著火把準備進行和平的遊行，要求國民黨政府給予基本集會結社的人權。結果，大批警察圍堵鎮壓，便衣人員到處拍照留證，造成肢體衝突。第二天媒體報導的是民眾被「暴徒」煽動，失去理性採取「暴力」對抗員警，於是四處搜捕「暴徒」及「亂民」起訴「叛亂」，史稱爲「美麗島事件」。這些定罪入獄的「暴徒」，二十年後成爲社會倚重的政界人士。

參與的芝加哥警官則會說不同的故事。後來，有人提到
1968 年的大會，我的學生就會說：「我知道這件事。」即
使事發當時，他 / 她們還未出生。現在那事件對他 / 她們是
「眞實的」，而之前對他 / 她們而言不曾存在過。僅僅是詞彙
語言就產生了「眞實」。

信念：「我相信，我就會看到」 *⁴

　　每個文化的第一個目的，是提供一種讓人們可以辨識
什麼是眞的，什麼是假的方法，這就是所謂的信念
(belief)。請注意「什麼是**被認為是**眞的」與「什麼**是**眞的」
是不同的。在某一文化或某一歷史階段被視爲眞的，可能在
另一文化或歷史階段被視爲迷信或幻想。以基督教和猶太教
爲例，上帝的存在顯然是眞的，但是對佛教禪宗、孔夫子信
徒、萬物有靈論者來說，上帝這概念不曾在他 / 她們宗教生
活和其他方面出現過。

　　在某一意義下，符號是最簡單的信仰陳述，字典的每
一個定義就是宣稱某些東西是眞實存在的。如果用一個詞彙
代表某個東西，我們很可能會「看到」它，視它爲眞實的。

45

----

*⁴（譯註）本節英文 belief 經常出現，譯者在不同文字脈絡中分別翻成：信仰、信
　念、相信。

就像一世紀以前，「同性戀」不是用來形容一個人，和我們現在使用的說法不一樣。這詞彙是用來形容一種性行為，而不是指一個人的社會認同。在這意義下，雖然很多人有某種同性戀行為，但是同性戀者其實並不存在。以前的人看到的是這個行為，現代的人卻看到了「男同志」、「女同志」、「雙性戀者」和「異性戀者」的人之間的差別。這些人與人的差異，反而成為差別待遇的基礎，視異性戀者比其他戀者更優越更有價值。人們現在「看到」的與以前「看到」的相當不同，是因為現今性傾向的文化「眞實」(truth)，與以前的不同。我們依賴信念決定什麼為眞，這就等於把一句老話「當我看到，我就會相信」或「眼見為憑」(Seeing is believing) 顚倒過來了。若換成「我相信，我就會看到。」可能更接近事實。

當我們用一連串詞彙創造出較複雜的信念，我們塑造了身處的世界和我們在其中的位置。例如，典型的歐洲文化和北美印地安人文化很不一樣，前者視人類與動物大相逕庭。「自然世界」及其內部的變化不包括人類。鳥類築巢是「自然」的，人類蓋房子卻不是自然的。這種區別純屬武斷的認定，因為這兩個例子都是某個物種利用它們的自然能力，去做出對它們生存適合的東西。我們人類握緊手指就可以操作錘子和釘子，或用我們的頭腦發明物理和工程，與海

狸有能力把樹幹咬嚼乾淨或設計巢穴抵擋洪水，都是一樣的
「自然」。

在西方文化中，自然與人文是分別對立的。正是這樣
的對立給我們帶來很多麻煩，使我們在想法上把我們的世界
與自然世界分開，使我們的生活忽視了與環境土地和季節變
化的密切關係，也使我們自以為我們可以超越「自然法則」
（既然我們不是自然的一部分），可以不受自然世界的懲罰，
而別的生物卻逃不掉！我們以為我們可以用化學物品和廢料
污染環境，破壞大氣的臭氧層，吸耗石油，砍伐森林，在別
的生物滅絕後，我們人類依舊存活。這種自大，不僅造成我
們對別種生物的危害，也危害到我們自己。我們可能不**相信**
我們像鳥一樣，也是生物的一種，必須順從自然「法則」，
但並不表示別的生物逃不過的自然法則，對我們人類卻會格
外手下留情。多年前，湯瑪士夫婦 (W. I. Thomas 和 Dorothy
Swaiw Thomas) 就做了經典式的聲明：當文化定義某些是眞
的，不管實際上是眞的還是假的，都會有眞實的後果。我們
也需要考慮社會學家墨頓 (Robert K.Merton) 另一個類似的說
法：不管我們定義它是眞的還是假的，什麼是被認為是眞
的，就會有實際上的後果。[2]

有一套文化信念，使我們可以生活在想當然爾的世界
中，把我們生存的「事實」(facts) 視為顯而易見。然而，我

們稱爲「顯而易見」的，卻未必是眞的，只是在某一特定文化中，被預設爲無須懷疑的。若沒有「顯而易見」的認知，社會生活就失去了它的可預測性，我們也失去了建立安全感的基礎。然而「顯而易見」也使我們不易認識到，看似顯而易見的眞實，其實可能是假的。在這意義下，當有人批評社會學把討論焦點放在一些「顯而易見」的事上面，我就非常感動並且感謝他們的認可與支持，因爲總要有人認眞對待大家都當眞的那些事物。我們的無知往往爲我們帶來麻煩，但更嚴重的可能就是在我們眼前，包括那些我們**以為**我們知道其實卻不知道的事物。我們覺得我們已經投資了很多時間精力去認識和維護某些事是眞的，而不願質疑我們是不是搞錯了。例如美國文化，就明顯認定美國是政治民主的國家，資本主義的「自由企業」就是等於民主經濟。這樣的信念如此強而有力，以至於沒有那個政治家敢提出其他的可能性。假設有人敢提出資本主義基本上是錯誤的，無疑是在斷送自己的政治生命。如果有政治家指出，資本主義一點也不民主，因爲它將經濟權力集中在少數人手中，而所謂的「自由」貿易只不過是爲這些少數人服務的，那麼這些政治家們就別想當選。[3] 當他們質疑這個基本信念，即使不會被當成異端，也會被當成對國家不忠誠。如果這些信念是假的，或是把我們陷入災難困境的眞實情況給掩蓋起

來，那麼給予「顯而易見的」神聖保護，不就正中下懷地成
為圍困我們的陷阱了嗎？

價值、選擇和衝突

就某一意義來說，每一種文化思維都奠基於某一類的
信念，因為要對某些東西產生想法之前，我們首先得看到它
們存在，即使只是存在於我們的腦海裡。但是很多文化想法
超越了事實這種基本問題，而建構出更複雜的社會真實。價
值這種文化思維，就是如此，我們往往依照社會喜惡來決定
排序，好或壞，佳或劣，優越或差勁。[4] 在很多文化中，受
過教育被認為比無知好，誠實比不誠實好，賺錢比虧損好，
慈愛比殘忍好，乾淨比骯髒好，結婚比單身好，有性生活比
無性生活好，富有比貧窮好，異性戀比同性戀好，白人比黑
人好，男人比女人好，一切在控制中比控制不了好。每一個
例子都說明文化信念在定義著什麼與什麼被排比高下。我們
必須知道我們所謂的「教育」是什麼意思，或者誰有資格稱
為是「白人」或「異性戀者」，信念就是每個文化提供的答
案。種種價值則是更進一步，以粗略的高低位階把社會生活
的各個層面，給予一個縱向的排比。換言之，「異性戀」與
「女同志」並不只是我們認為他／她們是如何地不同，他／

48

她們還被社會價值評比，使得後者比前者更爲人非議。

　　價值滲透到我們生活的每個層面，因爲種種價值爲我們提供一個方法，以便在很多看起來都相似的事物間做選擇。幾乎我們所做的每一件事都是在不同價值之間做選擇，既然選擇對我們來說很輕鬆不費力，所以也就不自覺了。每天我們決定要穿什麼衣服；是否要多延長上班時間以便多賺些錢，或者少做些工作多花些時間做別的；中學畢業後要立刻找事做還是繼續進大學讀書；要不要和我喜歡的人發生性關係；我們聽到對性別、種族和其他種歧視的談話要不要抗議；晚上要看電視還是要讀書；要告訴朋友我的性傾向還是保守秘密；要不要投票，要投誰；懷孕了要不要墮胎；要不要告訴朋友他／她不願意聽的眞相。從各種小事到可以轉變我們生命的大事，我們總是要衡量各種相關的另類可能，文化就可以提供我們做這些事所需要的想法。

　　價值除了影響我們怎麼選擇行動的路線之外，還影響我們怎麼看待、怎麼對待我們自己和別人。例如，當我們的價值把歐洲人排比在拉丁美洲人之上，把男人排比在女人之上，或四肢健全的人排比在殘疾者之上，人們就依社會價值的高下被分類排序了。這製造了社會壓迫，因爲這不僅區別出人的不同，還把人排列類比出高下，排除和低貶有些人，卻又包含並給予另一些人優惠位置。最極端的例子是在前南

斯拉夫戰爭中，塞爾維亞族的男人所進行的「種族清洗」
(ethnic cleansing) 戰爭，[*5] 較隱晦的例子是在餐廳裡白人侍
者讓黑人顧客坐靠近廁所的位子，而且還遲遲不去招呼他／
她點餐。在每個案例中，被犧牲的不是別的，而是人的尊嚴
與價值。

　　就像文化的每一個面向，價值有這麼一個被視為當然
的特質。我們把價值當成真實本身自然而然的一部份，而不
是把它當成是**關於**社會如何建構真實的想法。我們很快感受
到我們偏好的價值，正因為是來得那麼輕易，使我們以為這
只是人們經驗的一部份，人們隨時隨地就是這麼感覺的。就
某些偏好的價值來說，可能是真的。就像嬰兒比較喜歡溫暖
而不喜歡寒冷，喜歡舒適而不喜歡疼痛，喜歡吃得飽飽的而
不喜歡餓肚子。但是大多數我們的偏好是來自於在某一特定
文化中經由社會化 (socialization) 所學來的價值。[*6] 最有力
最能讓我們瞭解這一點的是，去經歷鼓吹不同價值的其他文

[*5]（譯註）在前南斯拉夫境內出現的「種族清洗」戰爭以多種形式出現，各方報導
　　不一。最受西方媒體報導的是，信仰基督東正教的塞爾維亞族在 1992 到 1995 年
　　間，有計畫、整體性的強暴社區內回教婦女的行動，約有二萬至五萬的回教婦女
　　受害。其目的是藉由強暴使得婦女懷孕，讓她們生下的孩子有塞爾維亞族的血
　　液。另外，也有很多報導是關於克羅埃西亞人以燒房子，全村趕盡殺絕的方式，
　　企圖消滅塞爾維亞族人。結果造成各族間的仇恨，扯不清的血債，以及千百萬難
　　民的大逃亡。

化。幾年前，我到挪威去探訪親戚。我們在挪威首都奧斯陸待了幾天，那裡有四處延伸的火車系統，可以連結到城市四周的社區。令我吃驚的是，我注意到車上沒有驗票員，火車站和地鐵車站沒有閘門，旋轉門和賣票亭，沒有任何設置可以檢查人們是否買了票上火車。我看到人們上車，每次上車就拿出回數票塞入打票機打個印，我也看到人們在站台的售票機買單程票，然後放在口袋裡，因爲沒有人要收票。

　　我不能想像美國的公車和火車以這種方式運作，理由是這兩個社會有不同的文化。挪威文化有個信念，就是認爲火車系統本來就屬於每一個人，如果人們不付費，就會癱瘓，大多數的人因此願意付他們該付的。這個文化認爲，信任人，比想盡辦法不讓人逃票更爲重要，也認爲只要讓人們對社區有歸屬感，每個人都會盡一己之責使社區更好，這樣比不勞而獲來得更爲重要。美國的信念則是：只要能免費得

＊6（譯註）台灣父母教養小孩都耳提面命的要孩子尊重師長，不可以頂撞。於是孩子內化了父母和台灣社會的價值觀。等孩子長大到了英美求學，在課堂上發現英美同學膽敢挑戰老師表達不同意見。起初還怪同學很沒禮貌，後來看到老師對這樣的同學連連稱道，才開始鼓起勇氣學習，慢慢地這台灣學生學會了不再把自己不同的意見吞下去，學會了表達自己。當這長大的孩子回到台灣，和父母長輩或上司談話時，用英美學到的說話方式，他／她卻經常碰釘子。在社會壓力下，他／她又要學習早已遺忘的習慣。這孩子早期受到家庭和社會價值的影響，社會化了，後來出國再社會化，回國後再社會化。社會化是一個持續進行的過程，人們終身在這過程中。不是不可以抗拒，有能力抗拒的人往往會被認爲是「特立獨行」或「怪人」。

到的，大多數的人就一定不會付錢，不付出卻得到被認爲比
社區認同和共享目標更爲重要。當然也有例外，特別是在比
較小的社區。以我所在的小鎮來說，夏天路邊賣水果和蔬菜
的小攤，沒人在收錢，只有個丟零錢的盒子和標價的牌子。
有些學院，包括我任教的學院，考試時有以學生榮譽制取代
監考和其他監視作弊的制度。這兩個例子說明，社會體系的
組織方式，決定了價值的選擇。我當然知道有人拿了蔬菜而
沒付錢，有學生作弊而沒被抓到，這些都違反了重要的價
值，但是這樣的榮譽制度，卻獲得了人們認爲更重要的價
值，那就是，人們能夠在互相信任和尊重的氣氛下生活工
作，如果我們總以爲每個人只要有機會就會欺詐，那這個氣
氛就很難維持下去。

　　我經驗過越多的其他文化，我越意識到我自己的文化
只是一個文化而已，事情往往不是只是如此，而是我的文化
使得它們變得如此。我也能看到，當我做出選擇，我總是從
我的文化所提供的有限可能中在做選擇。這就說明了我們從
不曾有所謂的「自由」選擇。正如哲學家叔本華 (Arthur
Schopenhauer) 指出，當我們涉及價值，「我們要我們決意
所要的，但我們不能決意我們要什麼。」 (We want what we
will, but we don't will what we want.)[5] 換言之，當我感到自己
要一部新車，我並沒有意識到，我的需求其實與我的文化重

51

視擁有物質的這種價值有關，這種價值也就是越多越好，越新越好，還沒獲得的總比已有的好。既然我們在毫無選擇的情形下，被一套文化價值社會化了，我們吸收的價值以無形的方式限制我們，直到我們到了別的文化才知道這些並不是唯一的可能。在這意義下，我要擁有一部汽車的「自由」，其實是被某一文化設定的，在這文化中擁有一部汽車遠較某些事還重要，比方說，在精神上得到啟發或幫助比我還窮困的人們還重要。這文化也使我認為物質財富的累積是構成快樂和成功生活的基本要素。我們評價的任何事都是如此：從我們以整容手術「改進」我們的容貌，我們受到鼓舞進入大專院校求學，為了「迎合」眾人我們聽到帶有性別歧視的玩笑也隨意發笑，到認為我們的國家比其他國家優越，我們很少意識到我們是多麼受限於所處的文化，以至於我們只有很狹窄的選擇範圍。我們一般很少認識到如果我們處在別的文化，也許會有截然不同的選擇可能。

　　作為個人，我可以意識到文化實質存在，並且形塑我們的觀點和經驗，包括我認為我要的是什麼。作為生長在美國的美國人，我可以看到我的文化是多麼地重視物質，所以我要追求其他價值，過一種不同的生活。儘管我成長過程所吸取的價值告訴我，要盡可能的遵循阻力最小的路，不要抗

拒主流的價值觀，但我將**不顧**我的文化背景一直這麼做，作
為一種反抗的行動。我唯有藉著把我自己從我身處的文化所
提供的狹隘的選擇範圍中解放出來，才能擴大我的「自
由」。要達到這目的，我需要「跨越出」我習慣的文化框
架，這樣我才能看到我處的文化「框架」，其實只是很多可
能的一種。「跨越出既有的框架」是社會學實踐的重要部
份。「文化」、「信念」和「價值」這些概念，是指出我們
跨越「什麼」框架過程的重要工具。

　　我們能夠與我們的文化反向逆行，因為文化不是能決
定我們是誰、我們該做什麼的僵硬框架。價值也不能告訴我
們在每一個情境中我們該做什麼，因為多數的情境牽涉到複
雜的價值組合，是很難預測的。價值不能提供一個明晰的法
則告訴我們在每個情境下該做什麼，但卻可以提供一般的原
則告訴我們該如何衡量好壞輕重。正如社會心理學家布朗
(Roger Brown) 指出，價值就像是語法原則，我們用它來解
釋從未見過的句子。[6]至於我們怎麼應用那些原則，完全看
我們自己。一般說來，我們會認為誠實比不誠實「好」。但 53
是如果「誠實」這個價值，與像是「愛我的家人」這個價值
相衝突，我們該怎麼辦呢？假設兇手問我兄弟上哪兒去了，
我保證我一定會告訴他錯的方向。但是，如果我的兄弟就是
兇手怎麼辦？如果我處在大衛・卡辛斯基 (David Kaczynski)

的位置，知道我的兄弟斯奧多 (Theodore) 可能就是那個製造包裹炸彈炸死幾個人還炸傷很多人的「校園炸彈客」(Unabomber)，我該會怎麼做？我若把他交給警察，他一定不是坐牢就是被判死刑。如果我選擇對手足的忠誠作為較重要的價值，那麼我就保持沈默？沒有書可以回答這個問題。這使得價值衝突一直是持續掙扎和焦慮的來源。這情形經常不斷地出現，無論是為了保護環境而減少工作機會，或是讓學校提供學生有關生育和性教育的資訊。價值為我們提供最初的資料和粗略的指導原則，使我們能衡量各種可能，但是不能告訴我們到底該怎麼用它。

作為文化的一部份，價值規畫出一條阻力最小的路，這形塑了人們怎麼參與社會體系。作為規範人們行為的方式，價值只能建議我們的行為**應該**如何。價值所缺少的，是支撐實行這些價值的東西，缺少把價值轉變成指出我們的行**為應該如何否則就會如何**的宣稱。當我們把「否則就會如何」加在價值上，我們面對的，是更具強制性的「規範」(norm)。

規範、道德和偏差

什麼受到推崇、令人渴求，什麼受到期待、非做不可，這兩者的差異是，以獎勵和懲罰的形式所展現的社會後

果。如果你接受某個文化價值，把它轉化成規則，以獎勵和 54
懲罰來要求人們遵守，你就有了規範 (norm)，也就是某個價
值「長了利齒」，如果你不遵守，它就會咬你。當大衛‧卡
辛斯基要決定是否要把他殺人的兄弟交給警方，他不只需要
衡量價值之間的衝突，他也得考慮他的行為與規範之間的關
係，以及隨之而來的處罰與獎勵。如果他把兄弟交出，他會
受到社會大眾的感激，因為他結束了無辜人們受到暴力威脅
的夢魘。如果他這麼做，他會被家人唾棄，因為他背叛了對
親人忠誠的家族規範。但是另一方面，如果他保持沈默，則
又會有受到大眾憤怒羞辱的危險，因為他的兄弟將來可能會
繼續傷害別人，而他的家人則會感激他對兄弟的忠誠。無論
如何，他所面對的困境不只是「比較好」或「比較差」。他
面對的是與他抉擇相伴而來的真實社會後果。

　　請注意，若能改變他參與的社會體系，就能夠改變他
行動的社會後果。如果他的家庭除了以親屬關係組成外，**還
涉入**有組織犯罪活動，他的情形就會很不一樣（例如：黑手
黨）。他就不是在社會義務和對兄弟的忠誠之間做選擇，而
是必須考慮如果他把兄弟交給警方，警方就會開始注意他的
家庭。為了避免注意，他可能會把他兄弟交出，但不是交給
警方，而是交給他的家人，他們會以家法處理他的兄弟，以
保護家庭「事業」的利益。

　　就像文化的每一個面向，規範是人建立的。規範不是指人們的所作所為，而是**關於**人們所作所為的理念。就像信念，會指涉到真實的一些面向，像是對於「謀殺」的定義。規範和價值也有些類似，與什麼是比較令人欲求想要的文化判斷，有所連結：謀殺是不好的，但為了保護你的國家而殺人，則是好事。規範比價值更進一步，把信念與價值和社會結果連結起來。如果有人在人群中丟了顆炸彈，造成多人的傷亡，他是否會被逮捕，完全由當時的規範來決定，規範也可隨時由法律制訂者來改變。如果這人被處罰了，並不只是他殺了人，而是因為他違反了禁止殺人的規範。為了區辨這個差異，我們可以假想，同樣是這人用炸彈去殺人，結果可能會如何地不同。在戰爭期間，這人投擲了一顆炸彈，特別是因為他冒險犯難完成任務，他會獲得獎勵。炸彈爆炸殺死人這樣的**客觀**的結果是一樣的，但是社會結果則是由**那個體**系中的規範決定。如果這人先丟下炸彈之後，他的飛機被擊中，他被敵人抓到，他會被當成殺人犯對待，因為**敵方的**規範視這種殺人為謀殺行為。總之，我們不能預測一個人行動的**社會**後果會是什麼，除非我們瞭解我們運作的社會體系的文化是什麼。

　　規範不僅是關於人們行為的一些想法，而且也與人們的外表有關，有時甚至還牽涉到人們到底是誰。如果你在一

月的某一天，全身赤裸地走在熱鬧的大街上，客觀的結果是你會感冒著涼，而且人們看到了你身體的模樣。但是社會後果將會更嚴重：人們可能會蹙起眉頭深表不能贊同，甚至警察會逮捕你。換成在一個天體營中，後果將是社會的接納，只有那些不願脫去衣服的來訪者，才會被投以不贊同的眼光。對於人們外表的規範是強大有力的，即使我們獨自相處也深受它的制約。有一次我在 Vermont 州的偏僻湖邊露營，我想去游泳。方圓數里內，除了我妻子以外，別無他人，我站在一叢美麗的樺樹下，正準備脫下衣服，換上泳衣，一腳穿進去，一腳還未穿進，突然有個問題浮現腦海：「我為什麼要穿泳褲？」於是我停了下來，但實在想不出個要穿泳褲的好理由，所以我就決定來個爽快（但少有）的裸泳，這可超出了我的文化規範。

在那一剎那，我首先懷疑為什麼要有規範？為什麼有人在乎我們穿不穿衣服？或穿的衣服「適合不適合」某個場合？為什麼這些規範那麼重要，以至於有人因為違反這些規範而被他人嘲笑，或為之迴避，甚至被逮捕關起來？為什麼有人拿走了我們所謂某人的「財產」，例如電視機，被主人從後面射殺，反而認為是活該如此？要尋找答案，可能得問更深層的問題，也就是社會到底是什麼？就像所有很重要的問題一樣，答案不只一個。

其中一個答案來自功能學派的觀點 (functional perspective)。這觀點是認為每個社會體系都有一些要求,在達到這些要求之後才能運作。從這個觀點來說,規範必須存在,若沒有規範,社會體系會分崩離析或弄得烏煙瘴氣。這的確有道理,因為社會體系是環繞著人際關係組織成的,而這關係主要包含我們對彼此的期望。既然規範界定期望,並加強這期望,社會體系不能沒有規範,否則無法運作。

規範對於界定體系疆界也很重要,規範告訴我們區別自己人和外人,藉著決定誰能加入我群來區分我們與他們。要屬於一個社群,你必須在某個程度內能配合那個社群的文化,我們經常能從誰做什麼,誰不做什麼,來區分誰是能配合這社群的成員,誰不是。如果你破壞規則,你有可能被懲罰,包括被驅逐出這社群。這不僅是因為你違反了規範,而且還是因為規範與信念和價值是相連的,信念和價值界定何謂真實、什麼才是重要的。最能獲得社群的接受並且能形成影響的方法是,從一開始就接受這社群的文化。無論你對這社群有多大的貢獻,若你拒絕接受它的文化,這社群就一定不會接受你。所以當秋季新生進入我們的校園,他/她們大多時間表現出茫然不知所措的樣子,由於他/她們格格不入,很容易在一群人中被辨認出來。他/她們因為根本不知道現有規則是什麼,所以不經意就違反了規則,我們都

會暫時原諒他／她們，但過了一段時間，我們會期望他／她們知道什麼是什麼，會要求他／她們對自己的行為負責，以作為要成為社群一份子必須付出的代價。他／她們已經進入一個疆界，這疆界部份是由他／她們和文化觀念兩者的關係來界定的，而這文化觀念是指人們在較大的體系中應該有怎樣的角色。

　　在這意義下，規範的內容為何其實並不重要，只要有規範就可以了，就像小孩子玩在一起要成立「一國」，他們第一件事是訂定規則，服從的人才能加入。這些規則可能很可笑，相互矛盾，但一定要訂規則，否則難以成立「一國」。規則本身是什麼不重要，重要的是建立一種比較大的東西，使成員感覺自己是其中的一員，同時也讓成員藉此知道自己是誰。法國社會大師涂爾幹 (Emile Durkheim) 把有這種集體感覺的「我們」，當成社會生活的必要基礎，這是唯一可以控制人們行為的方式。[7] 這就是道德 (morality)，它不只是一套規則告訴人們要如何成為好人，而且還是一種共同分享的感覺，那就是，對社會體系的本質是什麼，以及社會中的人們該具有什麼特質的共同分享感覺。正是從這分享的「我們」和「體系」的感覺，道德獲得了它的權力和權威，如果違反道德規則，就等於冒著失去歸屬於這體系的危險。關於道德，最重要的不是行為，而是一種把人們和社

58

會綁在一起的感覺，這感覺的形成要靠人們共同支持某些社會的道德規則。沒有這集體感覺，人們會失落，社會體系會分崩離析。

從這個觀點出發，當有人違反規則，他／她們還侵犯了人們對疆界的感覺，同時也對他／她們是誰，他／她們與整個社會體系和文化的關係，提出疑問。如果你穿了「不恰當」的衣服去上班，同事開始懷疑你是否屬於這裡，你是不是真的認真對待這個工作場域。你可能會問：「到底穿著跟道德有什麼關係？」在一般對於好人的認定下，答案可能是：在很多時候在大多數的體系中，穿著與道德關係「相當小」。但就較廣義社會學的意義下，道德是定義一個團體或社會到底是什麼的基礎，也是界定怎樣的人可以成為這團體或社會成員的基礎。這就使得答案更複雜了。無論規則是關於殺人或是在餐桌上如何舉手投足，**所有**的規範都帶有歸屬和認定的色彩，可以讓我們知道我們要什麼，我們參與的體系要什麼。

59　　如果道德基本上是關於歸屬的問題，接下來，那些被視為是外人的人，會被當成違反道德準則的偏差者 (deviants) 對待。這就是造成污名 (stigma) 的狀況。當有人被當成偏差者，不是因為他們做了什麼，而是因為他們就是他們。[8][*][7]在不同形式的社會不平等和壓迫中，這扮演關鍵的

角色。在很多方面，人們的種族、性別、族群、性傾向、殘疾和宗教等特色常被用來成為定義人們的偏差類別，於是被主宰的團體當成外人來對待。因為他們不被當成正常人，所以在日常生活中他們沒有歸屬感，在商店受到不禮貌不尊重的待遇，他／她們不能夠找到一個居住的地方，他／她們的孩子進不了像樣的學校，他／她們找到的工作不能反映出他／她們真正的能力。過去好幾個世紀，女人一直被當成偏差者，她們是不完整的人，是瑕疵男人的縮影，她們的心靈與身體脆弱，無法達到發展充分健全人類應有的標準。[9] 在最受敬重的職業和專業中，女人仍被視為外人，男人以暗示或公開的方式告訴她們：妳們沒有權利出現在這裡，妳們不受歡迎。*[8] 不論她們沒被男同事邀請下班後跟他們一起去喝

---

*[7]（譯註）舉例來說，有個青少年喜歡把自己打扮得美美的：穿五個耳洞，染綠色的頭髮，服飾上有很多金屬環套。有一天，他剛從一個青少年打架的現場經過，正碰上大批警察追捕鬧事的青少年，他也莫名其妙的被捉到派出所偵察。後來查明他未涉案就放了他。但是當初他怎麼爭辯員警都不相信，一定要把他押到派出所，因為員警有個刻板印象，認為凡是這樣穿著打扮的年輕人都是愛惹是生非的，他們是社會的敗類。

*[8]（譯註）在成令方研究台灣醫師專業的性別關係中，就發現了這樣的情形。大專聯考以高成績考入醫學系的女生，到了住院醫師的訓練期間，特別是在競爭激烈的醫院中或在男生占多數的科別中，開始備嚐醫師長和男同事的暗示。很多男生會暗示：「反正妳將來會有人養妳，何必來跟我們搶飯碗？」「外科不是妳們女生做的，妳們最好去照顧小孩。」在申請工作或升遷時，對女生的要求往往比對男生的要求嚴格，很多條件很好的女生都不易在競爭激烈的教學醫院中找到機會，結果往往會流落到次級醫院。見成令方（1998）〈性別與醫師專業 —— 台灣四代女醫師的故事〉，《醫望》，25: 95-98。

啤酒,或在她辦公桌的抽屜裡找到用過的保險套,或各種形式的性騷擾,這都傳遞了同樣的信息,造成類似的效果。[10]

功能學派的觀點沒辦法看到的是:規範可以排除和壓迫社會上某些類的人。這觀點在解釋一個體系需要對人們的**作為**有所規範時,很行得通,但在解釋一個體系必須以人們的膚色作爲規範的對象時,就行不通了。我們很難理解爲什麼一個社會需要有這樣的安排,讓其中有些團體取得優勢,而讓其他的成員承受痛苦。

從社會學的衝突觀點 (conflict perspective) 來看,比較能理解社會中存在的有系統的排擠、剝削、宰制和濫權。衝突觀點也是以體系爲研究對象,但最主要是以團體間的衝突,如何造成不平等型態,爲關注焦點。文化爲我們提供很多想法,用來界定眞實,區分「優越」與「低下」,和認定遊戲「規則」。因此,我們不會吃驚,優勢團體會藉著自己的權力和影響去形塑文化以利於自己的利益,包括保護自己的特權。

我們就以「私有財產」這個文化觀念爲例吧。這觀念出現的時間其實並不太長,頂多才幾千年的歷史。要把某些東西當成財產,這些東西得在社會關係中有一特殊的位置。當我說我房子所在的土地是我的財產,其實我是說,我所屬於的社區的人和社會承認我住在那土地上的權利,我可以任

意處置這土地，雖然當然不是完全沒有限制。這讓我能掌控
哪些人可以踏進我的財產，我要如何對待他們。除了少數例
外，我的財產不能未經過我的同意被變更、毀壞或強行取
走，除非像是地震這類的天災。在這意義下，財產不是專指
什麼東西或什麼人（有時是指奴隸），而是一套把「所有
者」，和**被視為**是他們財產的東西，和其他人，以及和社
會、社群之類的社會體系，都牽連在一塊的相關**觀念**。

　　我們所謂的「財產」，只有當文化有這信念認定「財產」
是眞實的時候才會存在。像北美原住民 Wampanoag，他們
傳統上把土地視為自然的一部份，不是人們可以擁有的。人
可以住在土地上，耕種、打獵、崇拜土地之美，但不能把土   61
地視為「財產」。當英國移民抵達麻塞諸塞南岸外的南達客
(Nantucket) 小島，他們「購買」了 Wampanoag 族的土地。
這些原住民對英國移民接下來做的事，簡直目瞪口呆：所有
「路過」「他們自己土地」的人都遭到逮捕和懲罰。
Wampanoag 族的人再也不能穿越自己原有的土地，或利用
土地，因為土地再也不「屬於」他們的了。在 Wampanoag
的文化中沒有這樣的觀念，最後在他們的文化消失前一直都
不曾有過「私有財產」的觀念。對他們來說，英國文化中所
界定的土地關係根本是不可能的。*[9]

　　理論上，保護私有財產的規範，是為任何擁有財產的

人服務，不論是我的錄影機，或是 Exxon 石油公司的油井。
你擁有的財產越多，你獲得保護的利益越大。若財產是社會
不平等體系的基礎時，保護財產的意義就更加深遠。當擁有
財產的人有權力和特權支使他人，保護財產權的規範，所保
護的其實是權力和特權的不平等，以及那些能夠使用這規範
的人。在美國，就像其他很多工業資本主義社會一樣，一小
撮人擁有或控制大多數的財富，特別是工廠、機器、工具和
其他可以產生財富和賴以維生的資源。前 20% 的富有家庭
擁有美國 80% 的財富，前 10% 的富有家庭擁有美國 70% 的
財富，前 1% 的富有家庭擁有美國 40% 的財富。在底層，
40% 的家庭只擁有全美國 2% 的財富。放眼望向全球，財富
分配模式很相似，20% 的有錢人擁有全球 85% 的財產，而
在底層 40% 的人只擁有 2% 的財富。[11]

---

*9 （譯註）台灣原住民對土地的觀點和 Wampanoag 族人的類似，也沒有土地私有的
觀念。他們使用狩獵採集和深耕火種的方式，族人共同耕植一塊公有的土地，有
時與其他幾個部落共用一塊土地。他們也有族人共用的獵場。國家公園的所在地
都是原住民居住、耕種和打獵的區域。為了漢人觀光的便利，也為了禁止漢人隨
意佔用山林資源，國家公園內不准建屋、耕種和砍伐。但是這對原住民來說，就
是剝奪他們的生機，強制他們改變生活方式：少數幸運的可以從獵人變成國家公
園管理人，但很多人則失業或流落到外地找尋粗工重活，賴以維生。事實上，原
住民的文化對大自然相當尊敬，不會過度使用山林資源，打獵也不會射殺懷孕的
母親和幼小的動物。他們瞭解自然的韻律，這與漢人受到資本主義影響，過度開
採資源以供生產消費之用，大不相同。

這樣不均衡的財產分配，並不表示保護私有財產的規 62
範，只為了擁有多數財產的菁英份子而設立的。但這意味
著：法律保護每個人的財產，使得菁英份子可以維護他／她
們的特權位置，也包括了使他／她們將來更有能力擴增財
富。如果你擁有或掌握事業和工廠，你可以決定雇用誰和不
雇用誰，員工如何工作，員工要生產什麼樣的物品和服務。
你可以決定要不要關廠，要不要把生產和工作機會遷移到其
他地區或國家，那兒的勞工廉價，利潤高。你可以告訴地方
政府或全國政府，如果他們不給你的公司減稅優惠，你就要
把工廠遷到「對企業友善」的國家去。如果地方政府或全國
政府為了挽救工作機會而同意你的要求，那麼在那裡工作和
居住的人們就得用其他方式來彌補減少稅收的損失，或者就
得接受教育經費和公共設施經費的縮減。

把社會生活的各個面向放在一起做整體理解是社會學
實踐很重要的面向，社會生活的每個部分都與其他事物彼此
相連。請注意，除非先有某一個文化信念界定「財產」是真
實的，否則這個文化就不會有什麼關於財產的價值和規範。
也要注意，規範可能支持某類價值，可能會影響別種價值，
所以看起來只是保護財產的規範，也可能維護著以特權和不
平等為基礎的社會秩序。社會生活的每個面向就是：我們最
容易直接了當地看到的連接關係，其實只是冰山的一角。社

會學實踐能帶我們深入表層，更瞭解實際在進行發生的情形，瞭解它們爲什麼重要，以及它們與我們有什麼關係。

63 ## 態度：文化作爲感覺

信念、價值觀和規範，對我們如何認識眞實，如何思考眞實，言行舉止該如何，有很大的影響。如果我們以歧視同性戀的偏見爲例，我們可以看到這三者其實是相互結合的。人們對男同志和女同志的偏見，其實是認爲某一種性偏好比另一種性偏好更有價值。這樣的價值是被一種信念維繫支持著，這信念認定這樣的性偏好，一定是只有某一類的人才會有，而且認定異性戀者比較優越。異性戀被視爲是「自然的」同時也是健康的，同性戀則被視爲是「不自然的」，是一種疾病或變態。人們對同性戀者的刻板印象，是他們比異性戀者更傾向會在性方面剝削小孩。事實上，往往正好相反。既然異性戀的偏見是把一種性偏好視爲比另一種性偏好更優秀，異性戀於是成爲一種特權的形式。異性戀者只因爲他／她的性偏好就被認爲是優秀的。就像所有的特權，異性戀特權所得到的支持和維繫，在於現存的規範。在這規範中，藉著對同志在住屋、工作、親職、以及結婚權等方面的歧視，企圖把他／她們放置在「他／她們應有的位置」。例

如：一對女同志愛侶可能已經一同居住了二十年，當其中一個身患重病，不能自行料理日常生活時，現有的法律會指定由她父母為法定代理人，而不是她長年共同生活的愛侶。

雖然信念、價值和規範的影響很大，但它們不能解釋偏見中所包含的感覺部份。人們對同志的痛恨、厭惡和恐懼並不只是一個信念、一種價值或是現存的規範所造成的，雖然這些感覺與這三者有緊密的關係。異性戀男人可能瞧不起男同志，這與異性戀者的信念和價值有關，認為男同志是低賤的。異性戀者可能藉著社會規範的力量，採取對同志們造成不利和壓迫的行動，但是這些都不是低貶同志的感覺本身，這感覺是一種文化的態度，它是一種信念、價值和情緒的混合，使得我們對人們有某些感覺，會採取某些行動，這感覺和行動可以擴張到我們對地球、對觀念，以及對任何事情。[12] 這感覺可能是很強烈很嚴重的，就像肆無忌憚爆發的公憤一樣。但有時，這也可能是每天日常生活中很微妙的感覺，就像異性戀男人與男同志相處時，所感到的那種微微的不安。[13] 這種感覺不僅是情緒，它還是一種根源於社會的情境和相關文化的情緒。感覺的產生，全賴人們決定發生的真實是什麼，什麼是最重要的，社會對他們的期望是什麼，什麼被認為是合乎社會要求的。無論是對同志最強烈的憎恨，或是餐桌上對同志很自制的禮貌，態度是觀念和感覺的混合

64

體，它形塑了人們如何參與社會生活。

有些情緒可能根植在人類物種中。小孩子不需要教導，就會感到害怕。害怕當然是一種情緒，但不是一種文化態度，除非是與信念和價值連接。幾年前我們家在養了兩隻狗和兩頭山羊之後，又加上了一條蛇。當我第一次聽到這提議，我就像這社會中的大多數人一樣反應：「為什麼要養蛇？」我的家人說服我，讓我意識到，其實沒有理由害怕或討厭蛇，我之所以如此反應，全都是因為文化態度教導我要這樣對待蛇。我接近蛇，看看它，摸摸它，令我很吃驚地發現，這小動物事實上很溫柔，皮膚摸起來很像精緻的皮革。可能更重要的是，我意識到，即使我對蛇有很多不好的感覺，蛇其實可能比我怕它，還要更怕我。它除了可以用舌頭來嗅嗅四周的環境外，它幾乎聽不到也看不到。我若想要殺死它，就隨時可以殺了它，但是它卻不知道死亡的來臨。它不會來攻擊我，除非它感到生命受到威脅，即便如此，它也要運氣夠好才可以傷害到我。當我這樣告訴朋友，他們的反應幾乎都是嫌惡混夾著懼怕，只有少數幾個人敢接近蛇，正視它或抓住它。他們的恐懼不是出自於真實與蛇接觸的經驗，而是因為他們在一種對蛇的形象充滿邪惡和懼怕的文化中成長的結果。

在某一意義下，態度主要是感情的，例如害怕就與很多文化信念和價值相關連。害怕本身不是一種態度，但因文化的影響所造成對蛇的害怕，則是一種態度。很多態度是感情，**只有**在社會脈絡的關係下，感情才成爲態度。例如說，輕視和嫌惡是負面評價的表現，而你不可能不用到信念與價值而得出判斷。你可以教導嬰兒害怕每個東西，可以害怕香蕉，也可以害怕人，只要你把這東西與暴力相關並列，嬰兒就會害怕。但是你不能教導嬰兒嫌惡某些東西，因爲他／她們無從形成觀念，也無從判斷起，除非他／她們學會用語言。把一個好吃的東西放在嬰兒的嘴巴，他／她會很快不費工夫就吞嚥下去了，但是放置同一個東西在我嘴裡，告訴我那是絞碎的狗肉（亞洲有些國家當成珍饈），我一定很快就吐出來。我嫌惡的反應不是因爲不喜歡味道，而是我知道我在吃什麼的念頭所造成的。請一個人吃美味的漢堡，當他正吃了一半時，告訴他其實他吃的是絞碎的貓肉，然後看著他怎麼反應，你就可以看到文化態度運作的力量了。即使之後，你再怎麼告訴他，並不是貓肉，他也不會繼續吃下去了。

　　感情、信念和價值的混合體正是文化態度的核心。傲慢、慚愧、罪惡、情愛、仇恨、忠誠、敬愛、尊崇、輕視、狂傲、羞辱、可憐、愛國情操、同情、感激、自大等，都只存在於與感覺的對象相關的看法中。同樣的，當我們與感覺

的對象有些許的距離或感覺麻木，那我們就說沒有感情了。在這意義下，其實並沒有所謂的「沒有感情」。「沒有感覺」與「深受感動」或「怒氣沖天」都是充滿情緒的。通常，人們說他／她們沒有什麼感覺，他／她們覺得內心空蕩，其實這就是一種感覺，即使他／她們不稱它為感覺。這感覺可以使他／她們容易採取強烈的行為來表達。例如說，這「沒什麼感覺」可以遮掩極致的殘酷，也可以使人們在戰場上殺死成千的敵人變得容易。如果他／她們能夠讓自己感覺到**那種感覺**，而不是讓自己內心有一種很疏離的「我只是在做我的工作而已」的感覺出現時，他／她們會感覺到所做的一些事，會令自己感到噁心和恐懼。

　　雖然我們的文化不是做如上的思考，事實上「不帶情緒」是一種很強而有力的態度，我們的社會對於男人尤其這樣期待，對於有權力的男人更不用說了。男人唯一被鼓勵而且允許表達的情緒是憤怒。憤怒，就像情緒上表現得與己無關一樣，容易讓人運作權力，進行掌控。很多文化把真正的男子漢和領袖特質，與男人能夠展現不帶感情的能力，連接在一起，導致任何期望能成為真正的男子漢或領袖的男人，會被這樣的態度所吸引。這態度是一種不帶情緒的感覺，加上一種不要讓各種情緒影響判斷和決定後果的文化信念的混合體。這態度也與一種價值相關，那就是，男性典型的不表

達情緒，比起女性典型的「展現內心情緒」更高貴。所以，在文化上被鼓勵「表達情緒」的女人，如果她們想要受人重視，想要在以男人為主的事業和專業上出人頭地，她們傾向採取「不帶情緒」的態度。在社會上不平等的關係中，地位低的，在文化刻板印象上，往往是比地位高的，易展現出情緒來，而他／她們也容易因此被別人修理。當黑人或女人對職場所感受到的歧視表現出憤怒的情緒，他／她們就有可能落入黑人或女人本來就很感情用事、容易失控的刻板印象中，於是需要別人來控制他／她們。這轉過來又被利用成為他們不適任高職位的藉口，因為他們沒有恰如其份的態度。

　　檢討態度以及態度是怎麼運作，是很有用的。因為這樣我們才知道，文化的各個面向是如何彼此連結，以形成複雜而有力量的結果。文化包含很多我們根本看不見的符號、觀念和感覺，但是也包含了我們看得見的物質世界，這物質世界是經由人們建構，成為他／她們社會環境的一部份。

物質文化和生活的種種

　　我們建構的真實是非物質的，也是物質的。以音樂這一種文化的形式為例，它由一些我們認為是音樂而不是噪音的聲音組合形成。在很多文化中，音樂是以音符、高音音

68

符、低音音符、休止符等符號形式來表示。音樂家必須認識
這些符號以便「閱讀」其他音樂家寫的樂譜。當然他們不懂
樂譜也可以彈奏音樂，但是作爲文化的一部份，音樂也有其
物質的基礎：印製樂譜的紙張，以及製作樂器需要的銅、
木、鋼、動物皮、貝殼和其他物質。在工業社會中，生產和
複製音樂的硬體日新月異，從麥克風、混音器、錄音機，到
電子小提琴、合成器、電腦軟體，也許有一天我們可以在演
奏音樂時，就把演奏的音樂記錄下來，並直接在紙上列印出
來。這對我們社會學實踐有什麼意義？這讓我們知道要瞭解
音樂或其他部分的社會生活，我們必須注意它的物質與非物
質面向，以及這兩者之間的關連。社會生活這一詞，不只是
包括作爲人我們是誰，也包含我們怎麼形塑物質世界，不論
從我們坐著的椅俱，還是到我們在其中居住和工作的城鎮。

　　物質文化之所以存在，是因爲人類有改變世界的本
能。無論是把村莊到水源之間的樹林，開出小徑以便通過；
或者建個花園、鋪條高速公路、蓋棟房子，或把鐵煉成鋼，
我們的創造性表現在把一物轉變成另一物。我們怎麼會這樣
做，有好幾層的意義。最立即的意義是，我們創造的物質世
界，直接影響到我們生存的情況。例如，電話把我們原本有
限的聽覺能力，擴展到好幾千哩以外去。相反的例子則是房
子的牆，特別是沒有窗戶的房子，可以把我們關在裡面，

69

也阻擋我們與外面的世界和在外界活動的人們有所接觸。不借助這些創造出來的物質世界，我們人，光靠自己的身體，是很難做到這些的。我們的嗅覺、視覺、聽覺、味覺和觸覺，並不如很多動物敏感。我們不能飛，而且大多數哺乳類能很輕易地跑得和游得比我們還快。就整體的活動能力來看，我們人類真是束手束腳、深受限制的一群。我們創造物質文化的能力，遠超過我們彌補在創造物質文化時所造成之損害的能力。這既是福氣也是霉氣。福氣的是，我們能做有創造性的事，否則很多事我們就沒辦法辦到。倒楣的是，我們利用物質文化，造成遠超出我們想像的破壞力。人們污染甚至毀滅地球永續生存的能力，是如此的龐大複雜，至今我們才開始理解到這破壞會達到的大致範圍。我們運用技術的能力，不但可以把我們不喜歡的物種全體消滅，也可以殺掉很多人類，而且我們這種消滅的能力不斷增強，似乎沒有終止的一天。

　　除了我們的生存問題以外，物質文化也影響我們的社會生活。物質文化影響我們怎麼認識真實、怎麼感覺、重視什麼、期望他人什麼，也影響社會關係如何圍繞著像是權力分配這種事物建構起來的。當十五世紀古騰堡 (Johannes Gutenberg) 發明活版印刷術，他帶來了社會革命。人們有史以來第一次把訊息或想法，以書寫的方式複製，分發給廣大

的讀者。那意味著，人們是否有讀和寫的能力，就變得更重
要了。早期書冊用手抄寫的時代，只有有錢人才買得起。當
人們識字能力普遍增加，想法、訊息、發明和創造就跟著傳
播出去。

　　就最簡單的意義來看，印刷機只是一些零件按某一特
定方式安排成形的機器。它的社會意義來自於印刷機如何被
使用，特別是印刷內容的選擇。既然人們的閱讀，會影響他
們如何看待世界、和設想世界，無可避免地，社會團體會搶
著要控制印刷，以便控制訊息和觀念在社會中的流傳。在歷
史的某一段時期，幾乎每個政府都曾限制過人民使用印刷
機，以及他們印刷的內容。在 1980 年代初期，羅馬尼亞政
府竟然要求擁有打字機的人，必須到警察局登記註冊，如此
一來政府當局可以用來比對反政府的文宣印刷字體，追查來
源。如果你有犯罪記錄，或被認為「危害公共秩序與安
全」，你就無論如何也不能擁有一部打字機。[14]

　　在威權監控比較弱的社會中，國家對印刷和出版的控
制較少。這並不意味著很多人就有機會使用印刷這樣的物質
文化。因為它的價錢很貴，結果正如帕任提 (Michael
Parenti) 所指出的，出版的自由主要是為了那些擁有報章雜
誌的人而存在的，或是為了那些有錢可以在報章雜誌買版面
發表意見的人而存在的。[15] 觀念和訊息在公共場域中的流

通，被一小群數量正在縮減的公司控制著。這些公司藉著
收購別的公司，或與別的公司併購，而擴張勢力。這趨勢
正橫掃大眾媒體，從電視、電台、電影到書籍、雜誌和報
紙。公司之間的收購、併購、鞏固掌控權，更替的速度之
快，已到了我們很難追得上誰擁有哪家公司的最新消息。　71
例如說，我們很難找到一個主流的出版社，不是隸屬於其
他公司旗下，就是屬於一家更大型出版集團的旗下，而且
越來越有一個趨勢，那就是出版社隸屬於一個與出版毫無
關係的大財團之下。

　　這重要嗎？當然重要囉！因為在表面上看起來，我們
擁有多元多樣而且具獨立性的新聞報導和訊息分析，但事
實上來源的數量極其稀少，而且都是以自身利益掛帥。正
如一位評論員針對一連串的公司收購和併購發表的感言
（這是 1989 年的情形，之後公司易主，掌控權洗牌的情形
更為厲害了）：

> 看著一本由「小布朗出版社」(Little Brown Book) 出的
> 書，被（屬於時代華納公司的）「每月俱樂部」(Month
> Club) 選為本月好書，印成華納出版公司的平裝書，改
> 拍成華納電影，被（屬於時代華納公司的）《時人雜誌》
> (*People*) 大肆報導，《時代週刊》(*Time*) 登了影評，電
> 影原聲帶由（屬於時代華納公司的）「大西洋唱片公司」
> (Atlantic Records) 發行，電影在（屬於時代華納公司的）

HBO 電視頻道播放，還刊在（屬於時代華納公司的）
諷刺幽默的《瘋狂》(*Mad*) 雜誌上，最後還被（屬於時
代華納公司的）Lorimar 公司改編成電視連續劇。所有
賺來的錢都進入時代華納公司 (Time Warner,Inc.) 的帳
戶，所有的選擇也都是由時代華納公司來決定。[16]

那些看似自由開放的「多元觀點的市場」，結果變得完
全不是這麼一回事。

對觀點的流通進行社會控制 (social control)，即使沒有
大眾媒體鞏固權力的趨勢，本身也是個議題。幾乎沒有一個
媒體對資本主義以及資本主義對人民生活的影響提出任何嚴
正的批評。如果你要對資本主義的問題想多知道一些，別想
在電視或電台，甚至在一般認為比較有自由立場的公共電視
台／電台中找到你想找的信息。你也不會在報紙、新聞雜誌
或主流書籍出版中找到。為什麼不能呢？可能是資本主義已
經接近完美，經濟體制好到不能再好，所以即使尚有一點瑕
疵，簡直沒有什麼可以批評的地方。然而，人們的受苦受難
以及經濟危機的四伏已成為我們世界的家常便飯，可見我們
尚未到達如前面所形容的最完美的狀況。最可能的情形是，
大眾媒體對資本主義的議題保持沈默，因為大眾媒體組織的
方式使得沈默成為那條阻力最小的路，於是接受了沈默。例
如：絕大多數的大眾媒體屬於大型股份有限公司的旗下。公

司的股東們尋求的是投資的最大利潤，公司是由總裁掌控負責，總裁的收入取決於爲股東利益賺取的多寡。換言之，那些擁有和控制大眾媒體的人，爲了自身的利益，必然要維護和提倡資本主義經濟體制。若要指出資本主義有問題，對他們只有失、沒有得。這使得他們不太可能質疑是什麼原因使得他們擁有權力和特權。

　　這雖然不意味大眾媒體可以控制我們對某一特定議題的看法，但卻對我們可以想些**什麼**有所控制。如果大眾媒體可以控制我們**是否**把資本主義當成一個議題來看待，那麼它們就不必擔心我們**怎麼**把資本主義當成一個議題來看待。在這意義下，運用媒體力量的極致，倒不是在報紙上報導了什麼、拍成了什麼電影、廣播了什麼，而是什麼沒有被報導、什麼沒有被拍成電影、什麼沒有被廣播出來。怪不得即使像社會不平等和長期經濟不穩定，這種嚴重的社會問題，影響了越來越多的人，大眾媒體卻從來沒有想到去追問，影響巨大且又普遍存在的資本主義，是否可能是造成這些社會問題的原因之一。

73

　　很明顯的，上述的問題和印刷機器或電視攝影機之類的物質文化的存在與否關係較少，而是和這類物質文化在某一體系中的運用有關。如果我們忽略了物質本身和使用物質

的方式，這兩者之間有所不同，那麼我們進一步就會賦予物質文化自己的生命，以為物質文化可以完全支配我們。例如，人們就會怪電腦支配我們的生活。但問題不是出在機器本身，而是在我們與電腦的關係，以及我們怎麼看待電腦，其實我們實際上能夠控制的面向，比我們知道的要多。一部電腦如果沒有人插上插頭，開啓開關，輸入指令，那麼只不過是一些金屬和塑膠罷了！它只不過是我們創造出來的，它若有什麼意義只不過是我們選擇給予的。在早期歐洲工業革命，工人視機器為惡魔，因為機器可以用來取代和控制工人。這兩個字「saboteur」（勞資糾紛中的破壞者和怠工者）和「sabotage」（勞資糾紛中的破壞和怠工），來自於工人把木製鞋底的鞋子「sabots」擲向正在運轉「工作」的機器，要把他們痛恨的機器砸毀。

到了二十世紀末期，以機器替代和控制工人的情形快速擴張，主要替代者是電腦和機器人。機器本身並不要求人們這麼做。比較有效率的生產，除了可以用來減少人們工作的時間，還可以提供足夠的產品和服務，滿足每一個人的需要。但是在資本主義的體系中，「效率」並不是意指著這樣的情形。對資本主義體系的組織來說，增加效率的方式是藉著增加生產減少支出，特別是減少勞動力的支出，以便獲得利潤。於是，越來越多使用「省勞動力」技術的結果，是造

成工人有多出來的「閒暇」，但是這「閒暇」成了失業無所 74
事事的時間，而不是讓工人能夠擁有較輕鬆的全職工作繼續
「養活」自己。在技術爆炸的時代，美國人沒有減少工作
量，他們比以前做得更多，但卻覺得沒什麼特別值得一提的
成就感。[17]

　　物質文化不能告訴我們這是怎麼一回事，我們必須去
瞭解物質文化在社會體系中的處境，人們怎麼看待、評估和
思考物質文化，以及人們使用物質文化的方式。如此，物質
文化可以使得社會生活同時有著多種不同的方向。譬如，電
腦可以用來作為壓迫控制的工具，例如它可以儲存大量關於
個人的資料，用來侵犯人們個人隱私，監控他們在工作場域
中的每一個動作。有些公司的員工進出任何房間，包括廁
所，都要刷卡。如此公司可以知道員工上班時間的一舉一
動，即使有些舉動根本與工作無關。

　　然而，技術可以為任何我們可以想像的目的服務。網
際網路 (Internet) 和全球資訊網 (WWW) 使得每個人可以藉
由電腦、數據機和電話線，與全世界的通訊系統連結起來，
目前這是沒有一個人可以控制的。網際網路和全球資訊網是
由千百萬的個人電腦連結成小網絡，這些小網絡再彼此連結
成較大的網絡。沒人知道每天有多少人上網，也沒人能夠掌
握全部連結電腦的千百萬個可能路徑。不像電話系統有中樞

接撥站 (central switching stations)，也沒有中央控制台可以切斷或管制流動的訊息。如果有個電腦網路壞了，訊息會從其他無以數計的網路途徑傳送到目的地。訊息不是藉著單一的單位傳送：一個訊息送到網際網路時，先是被分成很多「小份」(packets)，然後從不同的方向傳送，到了目的地再以原來形式集合裝配起來。基本上要對這樣去中心化的系統做整體的控制是很難的，這就是為什麼政府有興趣控制訊息的流通，包括極大多數的政府在內，都希望能發明新技術控制網路空間 (cyberspace)。

　　雖然社會學對物質文化的重要性相當忽略，但是物質文化卻在社會生活中扮演複雜而自相矛盾的角色。我們創造了物質文化，使它們成為我們身分認同的一部份，然而在經驗上，我們卻經常把它們當成與我們分開、外在於我們，物質文化有其自主性，而且又對我們有影響力。我們對物質文化的認同展現在我們對它們的依賴，嚴重到沒有它們我們就很難想像日子怎麼過的地步。同時，我們忘記了它們是人們創造出來的。我們對於物質文化的認同就展現在：即使它們產生了可怕的後果，我們還是要依賴它們。我們認為沒有汽車、冷氣、核能發電廠，我們就活不下去，但是放長遠來看，真相則可能是，我們不能與這些物質文化共存。把物質文化當成異類，當成和我們有能力創造它是完全不相干的兩

回事，這實在是很危險，因爲那樣的話，即使我們要改變它或要廢棄它，我們會覺得無力，更有甚者，我們會認爲不是我們的責任。這就是爲什麼我們會覺得我們都是受到這些物質文化的掌控。

　　我們太容易忘記，文化的總體其實是人類豐富潛能想像的產品。哲學家蘇珊・朗格寫道：「我們活在觀念的網絡中，編織網絡的纖維是我們自己創造出來的。」[18] 正因爲我們活在觀念的網絡中，任何時刻呈現在眼前的事物，僅只是各種可能性的一種而已。這會嚴重限制我們對大環境的掌握。我們就好像住在一個由文化建構出的小盒子中，不論是在家庭中、在工作場所中，或是在社會中都是如此。我們的視野很少能夠超越小盒子，主要是我們連這小盒子的存在都不知道。我們所言所行就好像世界就如此，但是事實上並非如此。要更有想像的能力，首先我們得認清，我們得先把小盒子本身看清楚。換言之，爲了能看到比小盒子的視野還更寬廣的世界，我們首先得認眞嚴肅地看待這盒子，這就是社會學實踐的內容。

我們的盒子：最好的盒子，唯一的盒子

　　住在盒子中，我們看不到外面，就容易以爲其他文化

都和我們的一樣，這就稱為「種族中心主義」(ethnocentrism)。我們就像嬰兒，把自己和自己的經驗當成宇宙的中心。我們到哪兒去，盒子就跟著我們到哪兒去，連我們去別的社會也一樣，當然，那些社會有它們自己的文化。我的記憶猶新，幾年前我深入墨西哥內陸，看到有個美國遊客怒氣沖沖大聲對當地餐廳侍者咆哮，因為侍者拒收美金。這遊客不能想像，居然有不把美金當成認可貨幣的地方，因而拒絕接受其他可能性的存在。他的聲音傳達了一種自以為是的訊息，一副來自美國就有資格對第三世界國家的人擺出自大的神態：「你是誰，怎麼能夠拒絕我的錢？」這同時反映了幾乎是普遍存在的基礎現象：要超越自己的文化是很困難的。

77　　　這位遊客看不見文化的差異是一種種族中心的表現，但他預設其他文化都次於他的文化，也是一種種族中心的表現。他認為美金比墨西哥披索 (pesos) 還值錢，餐廳的侍者即使不會感激也應該會接受他給的高等貨幣。事實上，那時披索的價值一直很穩定，比美金的價值波動還少。若真要比高下，倒是美國遊客擁有的是比較「低等」的貨幣。但是在種族中心者的眼中，這些都不重要。這位遊客抗拒任何對他所居住的舒適盒子的質疑，只有開始意識到盒子本身，其他的可能性才會開啓。

　　種族中心主義到處都是，並不是某些特定文化才有的。種族中心主義使得歐洲人叫美洲「新世界」，以為他們有權力命名這塊土地，征服這土地上的人民，掠劫這土地上的資源。這就是為什麼美國會慶祝「哥倫布節」以紀念「發現」美洲，即使美洲早在幾千年前就被從西伯利亞移民到阿拉斯加的先民發現了。種族中心主義也可以解釋為什麼澳洲白人會慶祝 1788 年「發現」澳洲，即使有很多部落族群的原住民追溯他們的祖先，可以追溯到歐洲人登陸前的四萬年。[10] 種族中心主義還可以解釋為什麼日本人第一次見到遭遇船難的歐洲士兵，稱他們為「野蠻人」，然後就很快把他們殺了。種族中心主義可以解釋為什麼幾乎每個上戰場的國家都低估了對方的勇氣、韌性和資源，所以常會預測在幾星期或幾個月內，勝利即將來臨。

　　在某些方面，種族中心主義不僅運作在各個社會之間，

---

[10] （譯註）四百年前，從福建移民到台灣來的漢人，在不斷開墾的過程中，把原本居住在平地的台灣原住民趕到山間居住，同時也用「番仔」稱呼，表示漢人是文明的，原住民是沒有文化的。國民政府到台灣後，稱「番仔」為「山地人」，政策上和文化上也一直不重視他們的特殊要求。直到 1980 年代初期，原住民開始要求「還我土地」等一連串的運動興起，這早在一萬多年就定居在這小島上的人種才開始被稱為「原住民」，他們的聲音才開始被媒體披露，他們的歷史文化才開始受到重視。但還是很難對付強勢的「漢人中心主義」，他們在工作上和在日常生活中仍備受歧視。

78　也經常出沒在每個社會之內。在複雜的社會中，主宰的團體往往用它們建構眞實的文化觀念去應用到其他人身上。[11]異性戀者也預設他們遇到的每一個人都是異性戀者，談話也在這預設下進行。（在美國）白人、基督徒、男人和中產階級也以類似的方式進行，他們的言行舉止表現出他們的世界觀和生活方式是社會宇宙的中心，代表人類共同的經驗。美國大多數的企業對不是屬於白人、基督徒和歐洲北部的傳統節慶，都幾乎不給予放假。在世界上很多地方都如此。我們平日在公共場合慣用的「聖誕快樂」反映了一個預設，以爲每個人都會慶祝或重視耶誕節。難道猶太人、佛教徒或無神論者都要以微笑回答：「謝謝！也祝你聖誕快樂！」？在這意義下，每一個複雜的社會都包含著廣闊的社會建構出來的眾多眞實，但是卻由一些主導的群體代表全體。結果是造成社會內部的種族中心主義，社會中的多樣眞實和彼此間的差異被視而不見，即使這些多樣的眞實受到了注意，也會被認爲是次等和低等的。

　　種族中心主義的觀念，展現了每個社會如何限制參與

---

[11]（譯註）日治時代以及早期國民黨政府推行的「國語」政策，也都是充滿種族中心主義的。日本殖民政府不准台灣人，國民黨政府不准閩南人和客家人在公共場合說自己的母語。因爲控制語言就能掌控思想與認同，這兩個政府都認爲自己的文化比被統治人民的文化高級。

其中的人們的視野，但是它也指出文化基本自相矛盾的地方，以及我們怎麼生活和使用文化。「種族中心主義」畢竟只是一個詞，是文化的一部份，它可以幫助我們看事情看得更清楚。在這意義下，文化可以同時引導我們往兩個方向看。文化可以讓我們往內看，看到我們特殊的文化盒子的有限空間。但是作為社會學實踐的工具，像文化和種族中心主義這樣的概念，也可以指向盒子本身，引導我們去想像：我們同時在盒子的裡面和外面。這是個充滿能量的經驗。

社會生活的結構

3

The Forest and the Trees

見樹又見林

79　　　1971 年，我第一次到 San Miguel de Allende 去旅行，那是一個位於墨西哥中部的山邊小鎮。在兩年多的研究所生活之後，這是我最像度假的一次旅行──一連幾個星期都沒有任何事情非做不可，終日只是散步、讀一些好書、想睡的時候就睡、貪婪地享受露天市場、曝曬在陽光下的泥磚房，以及美麗花圃裡散放的各種氣息、味道、光影和聲音。

　　在過了幾個星期這種日子之後，我開始有一種奇怪的經驗。我不記得是爲了什麼原因，有一次我突然想知道當時是什麼時間，那時我才發現不知何時開始我已經不再戴錶了。我除了知道那是下午時分，卻還不到傍晚之外，對於更具體的時間我就一無所知了。因爲我已經有好一陣子不需要做任何必須知道時間的事了，所以我的時間感也消失了。剛開始的時候，我很爲這種「時間感的消失」而驚喜。可是接著就發現，我連那天的日期也不清楚，即使努力想，我還是想不起來那天究竟是哪一天。這就有點令人困擾了。感覺似

80　乎自己迷失了，好像和往常一樣地坐地鐵，在同一站下車，結果走出來一看，卻是一個全然陌生的地方。

　　從社會的意義來說，我正是迷失了。生活中有些節奏與循環，對我們人類生活經驗而言，是如此自然而然。季節的轉換是其中之一，就像晝夜的變化和從日出到入睡，我們作息的自然生理節奏一般。可是，知道這是一天裡的幾點幾

分，並不屬於這種自然經驗的一部分。幾點幾分之所以重要，是因為我們靠著時刻表來達成別人期望我們做的事。時鐘是個文化的創作品，一個完全主觀的文化創造物。自然界沒有任何可以和時、分、秒這些計時單位相對應的事物；這些只是一套人們創造出來的類別而已。就像自然界既沒有可以對應到「週」的概念的事物，也沒有區分星期一、星期四或星期天的必要。時間是一種有用的文化產物，因為當我們在參與社會生活時，時間給了我們一種結構感。[1]我在墨西哥的山上失去了時間感，因為我的每日生活節奏不再必須知道這是一個星期中的哪一天，除了必須大概知道這是一天中約莫幾點鐘光景這一點外，也不再需要知道此刻正確的時間是幾點，當然更不需要精確知道現在是幾點幾分。當我和密西根大學 Ann Arbor 分校的社會環境斷絕關連的時候，我也和時間斷了聯繫。我覺得迷失了、和外界失去聯繫了，因為我還沒有調適，還沒有建立一種「何時何日幾乎完全不重要」的新的結構感。

　　和文化一樣，結構的概念是一個社會學實踐的重要關鍵，因為它相當程度地決定了社會生活最令人熟悉而且可預期的樣貌。[2]文化概念在我們參與社會體系時，形塑了我們如何思考、如何感受的方式。而結構則將這些文化概念統整到各種連結人與人、人與體系、體系與體系之間的社會關係

81 上。當我們在生活中經歷了某些戲劇性的變化時——例如上大學、開始第一個工作,或是結束了一個長期的關係時——我們經常覺得迷失。因為我們在一個或多個社會體系中的結構位置改變了。這意味著,我們與這些體系所包含的各種社會生活模式的關係,也隨著改變了。當我是一個高三學生的時候,我知道我在那個體系中的位置意味著什麼;但是當我離開高中準備上大學的時候,我卻不能確知我的社會位置究竟**在哪裡**、不太確定相對於身旁的其他人事物而言,我究竟是**誰**。長期的親密關係也一樣,「伴侶」、「妻子」或是「丈夫」是一個將我們定位的社會位置。當我們分手的時候,所有原先的定位體系就消失了,而我們感受到的不只是失去了某些東西,我們還**感到**迷失。因為,事實上,從某個角度來說,我們確實是迷失了。

社會結構有兩層意義:第一層意義是關於社會生活各層面中的社會關係是如何安排的。舉例來說,我們可以看看社會關係是如何透過參與家庭和工作,將個別的人們連結在一起的。籃球隊隊員之間的關係是整支球隊結構的一部份。不同體系間也有其結構關係;就像兩支敵對的球隊,或是全球經濟體上兩個彼此競爭的國家一般。這些關係具有不同的結構特徵,而這些結構特徵則產生不同的後

續結果。這也正是我們何以對它們感興趣的原因——因為它們是社會學實踐的一部份。

　　第二層意義，社會結構指的是社會體系中各種資源的分配。每個體系中都有其珍視的資源及報酬，而這些資源與報酬則各以某些形式來分配。舉例來說，在絕大多數的資本主義工業社會中，社會上大部分的財富都為少數的菁英份子所擁有，不僅如此，這種財富差距的鴻溝還在拉大當中。雖然我們的文化信仰讓我們相信我們的政治體系是民主的，然而實際上，政治權力的結構性分配也一樣非常不平等。另一類的結構性分配則將焦點放在人們如何分布在體系的各個位置上。舉例來說，大部分的勞動者沒有參加工會，他們的工作通常在權威性、自主性、社會聲望和收入上都比較低。大部分的大學教授都有終身聘書，而他們大部分都是白人男性。還有，一個國家任何時候都只能有一個元首或是內閣閣揆。這些都是我們可以在各種體系中找到的結構性分布。

　　在這兩層意義上，結構的概念都可以讓我們對體系如何運作，以及我們如何與體系產生關連，增加許多瞭解。

我們和它：身分與角色

　　我們無論何時都參與了一個或一個以上的社會體系。要知道我們所身處的體系是如何運作的，我們將先從我們和

體系的聯繫——也就是一個人的「身分地位」(status) 談起。一個人的身分地位就是一個人在體系中所佔據的結構位置；而我們「參與」一個體系的意思就是我們在這個體系中佔據了一個以上的身分地位。我以「教師」的身分參與我任教的大學、我以「作者」的身分參與出版業、我還以「顧問」的身分參與企業。在這裡，「身分地位」既是位置，也是佔據這個位置的人。請注意二者之間的差異：此非彼、彼非此。任何人都可能佔據（擁有）和我一樣的身分地位；而不管有沒有人佔據這個身分地位，這個身分位置都一樣會存在。確實，如果某個位置沒有任何人曾經身居此位的話，這個位置可能尚未累積出足夠多的意義。但是同樣的，無論在任何特定時間、是否有任何特定個人曾經擔任過此職位，一個位置本身是獨立存在的。不管什麼時候、不管有沒有人在玩「大富翁」，大富翁遊戲還是一樣存在；同樣的，美國最高法院作為一個體系，其意義是超乎於目前身為最高法院九名大法官的組合之上的。即使這九名大法官突然全部墜機而死，最高法院仍然存在，雖然這九個法官的位置全部出缺，沒有人擔任此職務，也不影響最高法院的存在。

　　這種「身分位置」與「佔據此身分位置之個人」之間的區分，對於理解社會生活如何運作有關鍵性的意義。如果我們混淆了這兩者的話，我們很可能會犯了企圖用個人因素來解釋社會現象的錯誤。舉例來說，每當美國總統任命一位新的最高

法院法官的時候，總有人猜測，這個人選在某些像墮胎或人權這類爭議性的議題上，會如何投票的問題。然而，法律學者提醒我們，一個人在進入法院前的言論意見，經常與其擔任法官職務以後的投票傾向，沒有多少關連。這是因為最高法院法官崇高的地位，對於任何擔任此職的個人都加諸了強有力的限制之故；一個新任大法官在沒有上任前，可能自己都無法體會到這一點。當意識到自己是整個國家最有權力的九名法官之一，自己的每個決定都可能影響到歷史如何發展時，會使人感到無比的責任壓力。這也是為什麼法庭文化高度重視前人的判例，而極不鼓勵法官推翻先前判例的緣故。技術上來說，大法官們任何時候都可以投票，但實際上，身為最高法院法官的深重責任感，使大法官們極少這麼做。

　　這表示如果我們想知道一個人會如何表現、行動的話，瞭解其身分位置，要比瞭解其個人特徵和意圖，來得有用得多。舉例來說，當美國選民每次選新總統時，他們通常都希望選一些能夠改變政府政策方向、解決社會問題、帶來社會生活新氣象的候選人。出爐的新總統剛上任時通常也決志要改變現況，然而他／她很快就會理解到，雖然一個總統是整個政治體系中最有權力的人，他／她卻只是決定整個政治體系如何運作的許多人之一而已。當選民不久後開始譴責政治人物不履行其競選承諾時，選民忘了要讓一個新人坐上

84

同樣的位置，遠比改變體系本身要容易得多。例如在 1993
年，柯林頓政府企圖徹底整頓美國的健康保險體制，可是當
健保體系的複雜性以及變革所將帶來的變化意義開始明朗以
後，改革就遭到各方勢力的群起反對。提供一般民眾負擔得
起的醫療照顧並不僅是「對民眾的健康而言，什麼是好的？」
或是「總統想要怎樣？」這麼一回事而已。它還必須顧慮到
各種互相競爭的利益團體，像是保險公司、醫師、企業、工
會、老年人、有錢人、中產階級和窮人的利益。結果，最後
醫療改革變成一場在沮喪、挫折中進行的徒勞行動，除了那
些希望一切維持原狀的人之外，沒有任何人滿意。

　　美國國家元首應該是全球最有影響力的職位之一了，
可是他們只是**坐在這個位置上的人**。就其本身而言，當人們
被選上擔任這樣崇高的職位時，他們並不只是佔據某個職位
而已。更重要的，他們所居的職位和一整個巨大的職位結構
是連在一起的，這個職位結構所涵蓋的範圍不僅包括了政府
內部，也包括政府之外的一些位置。這些**關係**正是限制了總
統能作什麼、不能作什麼的因素。國家元首們擁有能影響這
麼多人的力量，而這種巨大的權力也正是限制國家領袖無法
任意而為的因素，因為他們所做的每一個行動都會產生複雜
而廣泛的後續影響，這些後續影響則進一步牽動之後可能有
的選擇。沒有任何一個位置是**只**賦予在位者權力而不同時加

諸各種限制的；有時候，一個位置所加諸在位者的限制，還**更甚於**其所賦予的權力。

　　更複雜的是，我們還同時身處各種體系之中，這表示我們同時具有許多不同的身分。某些身分是我們與生俱來的，像種族、性別、族群和家庭中的身分（譬如說身為家中女兒）。[*1] 有些身分則是我們在人生過程中獲得的：在學校裡我們是學生；在工作場所裡我們是職員、鉛管工人、律師、經理，或是老師；我們結婚後變成某人的丈夫或妻子，我們可能是某個同居人終身的伴侶，或者我們也可能始終單身；我們還可能生兒育女，為人父母。不管是先天或後天獲得的身分，也不論我們是不是真的在執行、實踐這些身分，我們都「具有」這些身分。舉例來說，不管我是不是真正和我兒子有任何互動來往，我都是我兒子的父親；我是一個老師，即使我沒有和學生在一起，我的老師身分仍然不會改變。從這種角度來看，這些身分和我們如影隨形，不管是我們自己或是別人，都用這些身分來認識我們。[*2]

[*1]（譯註）更進一步的說，身為家中的長男、么女，或甚至獨子，都具有不同的意義和社會角色。

[*2]（譯註）以我們的名片上印的抬頭為例，我們理所當然的把某些身分（理事長、博士、創辦人、鄉民代表）拿來作為介紹自己讓他人認識的主要工具。名片上印的是我們的社會身分和地位，而不是我們真正是怎樣的一個人。很少人在名片上印著「一個喜歡吃沙西米成癡的傢伙」、「屢敗屢戰的選舉／情場老將」，或者「幽默終結者」這樣的抬頭。從這個角度來看，職業是我們最重要的社會身分之一。

　　還有一些身分是不會隨時跟著我們的，因爲它們只存在於特定情境之中。譬如說，當我走上人行道的時候，我當下便成了「行人」；可是一等我走下人行道，上了巴士以後，我立刻卸下了「行人」的身分，轉而變成「巴士乘客」了。情境式的身分必須被不斷實踐才能維持。許多身分和我是誰、我在社會結構的什麼位置有關；而某些身分則只和我在哪裡、當時在做些什麼事有關。*³

　　佔有某個位置的身分意義是：它讓我們和各個社會體系產生關連，提供了我們經歷、參與這些體系時，一條阻力最小的路。身分提供了一整套的文化概念，這就是我們所稱的「角色」。³一個角色是加諸在角色所有人身上，以及角色關係人身上的全套的信念、價值、態度與規範。舉例來說，我的教師角色中涵蓋了許多一般人認爲我應該是什麼樣子的信念；例如人們會假設我有一定的知識與學位。我的教師角色中同時也包含了影響我抉擇的各種價值，例如成長與學習的重要性、我的行爲舉止所必須遵守的規範，像是參加系務會議、不得對學生性騷擾等，其中還包括某些態度，

*³（譯註）即便如此，長期騎摩托車的人所經歷到的道路和世界，和那些一直只搭乘巴士的人，或是那些長期開車的人們，也不會一樣。一個情境式的身分維持久了，一樣會影響、形塑個人的觀點與思想。摩托車族眼中的自用小汽車駕駛可能是財大氣粗、不尊重小車路權的傢伙；而自用小客車駕駛眼中的摩托車族則是一群見縫就鑽、不知天高地厚的「蹩仔」。

例如應該尊重學生、認真對待他們。*4 請注意教師的身分是搭配了好幾個不同角色的。每一個角色都對應於我在這個體系中的某種身分關係。同樣身為教師，我和學生的關係與我和其他教師同事的關係、我和學院院長的關係、我和學生家長的關係都不一樣。在每一種關係中，我都是老師──大學教授──但是我的角色內容則會因為在不同的關係裡而有所差異。

　　角色為我們鋪了一條阻力最小的路，並以無數的方式影響了我們的外表和言談舉止。舉例來說，在學校裡和企業裡，一個人會因為對某個問題提出「答案」而得到獎勵；因為沒有「答案」而不被獎勵或受到懲罰。這種經驗會使人處在各種位置上都無論如何也要提出個「答案」來（不管他是不是真的知道他在說什麼），因為這是一條最好走的路。*5 當然，我們可以做另外的選擇。當有學生問我問題時，我可

---

*4（譯註）這裡似乎和台灣有些文化差距，台灣校園中對於師生角色的想像仍然有些是比較權威的：有些則是相當溫情的照顧學生、把學生當成小孩一般關照、指導，這並不是認真對待。

*5（譯註）如果我們用同樣的角度來審視台灣社會中的文化慣行時，可能看到的現象不一定相同：例如我們的學校教育中未必鼓勵學生發問或對老師提出質疑，提出批判性問題的學生得到的可能不是老師的讚賞而是批評羞辱。在這樣的學習環境下成長，一個學生學到的「阻力最小的與老師互動之道」就會剛好和作者所說的美國教室內互動相反──當老師詢問「有沒有同學有意見？有問題嗎？」時，他們會盡可能的保持沈默，以策安全──不管老師是否真心想知道學生的意見。

以回答「我不知道」；就像我問他們問題時，他們也可以說他們不知道答案一樣。可是，就像一位大企業的雇員告訴我的：「工作的時候，你是不可以說你不知道的」。這種「不可以怎樣」就是一種阻力——一種社會後果——一種透過身分與角色而與體系共存的設計。這些「阻力」使我們不會選擇某些道路，而會走上另一條比較平順的路。

想想我們每個人同時有多少身分，以及這些身分又包含了多少角色時，我們很容易知道如果社會每次提供給我們選擇的人生道路不只一條的話，社會生活可以是多麼地複雜。當某個角色的內容和另一個角色的內容相牴觸的時候，角色衝突 (role conflict) 的問題就出現了。譬如說，當一個男老師想要和女學生發生性關係的時候，其結果就是「老師」與「情人」兩個角色的衝突，兩個角色都可能面臨嚴重的妥協。[4] 對這名老師而言，他不可能再一視同仁地對待這名女學生。對這名女學生而言，這種角色衝突威脅到的，不只是她在學校裡的成功與否而已，她的整個職業生涯和生活都會受到影響。如果她拒絕了他，這個男教授可以用他的權力在學術上排擠或整這名女學生；如果她順服了男教授的要求，她可能暫時因為得到某種關照而獲利，可是這些好處隨時可能被這項關照抵銷。如果別人發現了，她可能被人家說成「靠著和人睡覺而一路竄升」；如果有一天這個男教授對她

膩了，或者女學生觸犯到他、讓他不高興了，他還可能運用他教授的權力來對她不利。同樣的權力互動運作邏輯也在辦公室裡發生。[5]

　　從一個結構的觀點來看，老師和學生的性關係是不可能平等的，因爲那些決定了他們在體系中所處位置的角色，**本質**上就是不平等的，**也沒有辦法被拉平**。舉例來說，老師控制了打分數的權力和其他有價值的獎賞，不管他用不用這些手段來威逼誘使學生順服，這些權力都自動被包含在師生關係根本的設計裡；只要是老師，就必然擁有這些權力。在這樣的情況下，即便男女雙方都**認爲**彼此的關係是平等的，他們卻必須假裝他們能超越這個體系的力量，不受體系所界定的人與人之關係所限、不受體系對人們行爲的形塑所影響。也許即使面對師生戀這種結構角色所會引起的龐大衝突，一個健康的師生戀關係不是完全沒有存在的可能，但是其機率是微乎其微的。[*6] 這也是爲什麼許多大學院校和企業都不鼓勵，或者明令禁止類似師生戀這種涉及結構權力關係的親密關係。這也是爲什麼醫療專業倫理中禁止醫師、臨床治療師 (herapist) 與病人發生性關係，律師的專業倫理禁止律師和委託客戶發生性關係的緣故。

＊[6]（譯註）在討論結構力量與個人意志的關係時，機率的概念是相當重要的。社會結構的力量並不意味個人絕無掙脫的可能，而是掙脫此結構限制的可能性很低。

　　作為社會學實踐的一部份，這種社會結構的微觀觀點顯示了「阻力最小的路」如何形塑了我們的言行舉止。它也同時指出一個體系的樣貌，與人們如何選擇參與此體系，這之間的差異。一個角色就是一組概念的集合，我們沒有辦法知道人們究竟會如何根據這些概念而行動。醫師與教師被認為不應該和病人或學生發生性關係，但是卻有越來越多人這麼做。為什麼呢？一個理由是我們同時具有許多不同的身分位置。舉例來說，教師的角色並不是決定一個教授是否和學生開始一段性關係的唯一因素。絕大多數的性騷擾與剝削是男人對女人進行的。這個社會事實告訴我們，事情不僅只是一個男教師和女學生的性關係而已，特別是我們留意到這種模式是如此普遍地存在於各種體系中，從職場到家庭，男性相對於女性的關係都是這種男強勢、女弱勢的模式。這種不遵守教師角色規範的男性教師數量遠比女性教師高得多的現象，不管是什麼原因造成的，其原因都不可能只從探究教師角色與大學制度如何制訂而得知。我們也同時必須探討性別作為一種身分，以及這條阻力最小的路如何使得在教師角色規範的限制下，男性仍然騷擾女性、剝削女性。

個人的與結構的

　　絕大多數時候我們在人生中所經驗到的，都和某個體

系的結構有關。乍看之下，人生中的各種問題看起來都像是
每個人的個性問題或是人性的問題；*[7] 其實並非如此，造
成這些問題的原因至少有部分是結構性的，雖然我們經常會
把結構因素誤認爲是個人因素。這種情形特別容易發生在我
們所熟知的體系，像是家庭情境中。由於我們以非常個人與
直接的方式經驗到這些體系，很容易就會認爲一切本來就是
這樣。舉例而言，我的學生們慣常以一種想當然耳的態度
說，他／她們的家庭是「很特別的」的，這讓我忍不住要
問：爲什麼他／她們使用同一個詞彙——家庭——來指稱這
些完全沒有共同點的群體。既然每個家庭都是獨一無二的，
不同家庭的家庭生活怎麼能如此驚人的相似，以致於當我們
看到一個「家庭」時，我們馬上能指認出它來。撇開各個家
庭的癖性，它們都是家庭，因爲它們是一種特別的社會體
系，具有某些特徵，看起來和其他種類的體系不一樣。

　　即使每個家庭都是獨一無二的，這一點也不能清楚地
讓我們分辨形塑家庭以及形塑我們生活的種種模式。同樣
的，各個家庭的「獨特性」也無法解釋家庭間共有的模式，

89

---

*[7]（譯註）這種想法極爲普遍，只要我們注意一下周圍的人如何歸因就會發現，類
似「一個人只要有健全的人格，問題就會順利解決」的說法有多麼普遍了。這種說
法的基礎正是將造成問題的原因歸諸於個性；根據這種歸因，問題的解決之道，不
可避免的，就應該從個人層次的修身或教育著手，而非結構性的制度和文化。

例如貧窮、種族主義與離婚對家庭生活所造成的普遍影響。
各個家庭的「獨特性」也不能解釋，基於異性戀「婚姻」、
同性戀「婚姻」，或是更廣義、更公社性的家庭，彼此之
間，到底有何不同。我們越來越發現到，即使是最個人最情
緒的問題，也和家庭作為一個社會體系息息相關。舉例而
言，許多心理治療師不會在沒有見到青少年患者的家人之前
就開始治療，因為他們知道個人的問題並不是在真空中發生
的。我們的內在情緒生活絕不只侷限於我們的生活世界，它
們總是發生在社會脈絡之中。

　　舉例而言，一般常以一些純粹的心理學名詞來解釋家
庭暴力。但是這就忽略了許多研究指出，虐待兒童、配偶或
是老人的施虐者，其人格特質與其他的成人並無顯著不同。
例如有關性暴力的研究，數十年來都無法找出男性施暴者的
人格型態，用來與「正常」男性區隔。就性而言，他們和其
他的男人看起來差不多，且一般而言，男性施暴者只有稍微
多一點的暴力傾向而已。要解釋來自親人的暴力，試圖在個
人的腦袋裡找原因是沒有希望的，因為文化和結構因素的影
響，更甚於個人因素。[6]光是「絕大多數家庭暴力和性侵害
案件的加害人是男性」的這個事實，本身就是個極具重要性
的結構現象。「男性」、「丈夫」和「父親」這些社會身
分，都為居於這些身分的人創造出最小阻力的路。為數如此

眾多的家庭暴力犯罪者都具有「男性」、「丈夫」或「父親」身分的事實，迫使我們不得不將問題的重心從「這一個個的男人個別來說，究竟是好人或壞人」，轉移到「他們所參與的體系本身究竟承載了多少有利於暴力虐待行為發生的因子」這一點上。[8]

　　舉例來說，電影、電視，以及其他形式的大眾文化不斷地將控制與暴力當作「真正的男子漢」的根本標記，將這種男性特質光榮化，並且醜化那些不符合這種標準的「軟趴趴的」男性。即使身為總統，都要擔心被人認為太「軟弱」。在這樣的處境下，男性比女性更容易對其親密伴侶和子女施加暴力，是一點也不值得奇怪的。家庭暴力特別可能發生在那些比妻子更有家庭決策權力的男性，以及那些因為

---

[8]（譯註）以家庭暴力為例，我們可以從媒體的家庭暴力事件報導中，看到社會體系如何以文化的形式滋養了男性家長對女性和兒童的暴力施虐。家庭暴力事件新聞報導中，施暴男性最常被以「莽漢、莽夫」一詞來稱呼，即使暴力傷害的層級從毆打、潑硫酸，到灑汽油，甚至殺人，都不例外。「莽漢」意味著施暴男性是衝動卻無心的、有力量卻不知道怎麼控制自己的。而且，「衝動魯莽」作為犯罪動機幾乎是男性家庭暴力犯的專屬名詞：一般的暴力傷害犯很少被媒體稱為「莽漢」，女性暴力傷害犯更絕少在新聞標題中被稱為「莽婦」。當我們每天讀著社會版的家庭暴力新聞的時候，無形中，我們也把這種「男人不是不愛他的家人，他只是魯莽衝動、控制不了自己而已」的莽漢形象一次又一次的刻入我們腦海中，如同典型新聞標題對女性性暴力受害者的描寫：「辣手摧花」、「摧殘弱蕊」或者「唐突俏佳人」「驚嚇嬌嬌女」一樣，我們腦海裡「美麗、無助、沒有自衛或逃跑能力」的女性受害者形象也一再被強化。這些日常生活文化中所塑造出來的角色形象，都是造成社會忽視家庭暴力傷害的結構因子之一。

失業而無法符合社會文化中對於男性負責「養家」角色期望
的男性身上。在已經有家庭暴力情況的家庭中，如果妻子經
濟上必須倚賴丈夫，自己無法搬出去、無法負擔獨立撫養小
孩的生活的話，那這些家庭裡的毆妻和虐待孩童事件，則更
有可能不斷發生。而暴力威脅本身經常又更使得受暴者無法
獨立生活：家庭暴力的受害女性經常被威脅如果敢離開的
話，會遭到更嚴重的暴力對待，因而使得她們不得不繼續待
在一個有暴力威脅的家庭裡。把這些全部加在一起時，我們
會看到一個一致的文化價值體系和家庭權力結構如何共同創
造出一條條最小阻力的路，使得家庭暴力如此容易發生。這
表示如果我們生活在一個支持女性獨立和性別平等的社會
裡，如果這個社會比美國更在意女性和兒童的健康與安全，
而且這個社會不把掌控、宰制和暴力當作檢驗一個男人是否
具有男性氣概的標準、不鼓吹這些特質的話，這個社會裡的
家庭暴力，就不會像在美國這樣，有如流行傳染病般地普
遍。這不是說所有的錯都是社會的問題，而那些家庭暴力施
暴者個人都不需要負任何責任。*[9] 但是確實，如果我們想

91

---

*[9]（譯註）在討論許多社會問題的解決之道時，我們常聽到類似「治亂世，用重典」
一類的呼籲，強調嚴厲處罰犯罪者；例如，在陳進興等人綁架殺害白曉燕一案
中，這類主張特別甚囂塵上。然而，從「結構歸因」的角度來看，重典和重罰的
對象如果仍然是個人的話，即使立即殺了這個犯罪者，實際上並不能阻止下一個
綁架、強暴、殺人者的出現。

要根本改變目前這種家庭暴力行為**模式**的話，我們必須瞭解這些家庭暴力模式和阻力最小的路之間的關連，**以及**人們如何決定是否走上這些阻力最小的路。

這也同時表示，一個社會體系的某些組織方式可以鼓勵破壞性行為，並和重要的文化價值對立衝突。就以偷竊、搶劫、販毒這些犯罪行為來說好了，人們為了獲得想要的東西而犯下這些罪行，可是難道那些犯罪者所身處的社會，都真的把偷竊、搶劫、販毒之路打造成個人獲得想要東西的「最小阻力之路」嗎？墨頓 (Robert K. Merton) 的偏差行為與機會結構理論和這種說法遙相呼應，他對這個問題的答案是清楚的：「沒錯」！[7] 墨頓指出，資本主義工業社會賦予累積財富高度的價值，一個好的、有價值的人生被描繪成要什麼有什麼，而購物、消費則不斷地被營造成為使個人對自我、對生活感覺良好的方式。不管你屬於哪一個社會階級，是不可能逃過這種源源不斷的廣告和其中的訊息：「擁有某個你現在尚未擁有的東西，幾乎是解決任何問題的答案」。

雖然每個人都暴露在這種想要擁有財富的文化價值之下，可是每個人能夠**獲得**這些財富的正當機會 (legitimate opportunities) 則是非常不平等的。一個人要有薪水很高的工作才能負擔那些在大眾面前展示的各種物品，然而大部分人的薪水卻沒有那麼高。我住在康乃狄克州 Hartford 附近，那

是全美國最窮的城市之一。多年來，市中心地區有個勞力士錶的廣告看板，看板上勞力士錶的價錢通常都遠高於一千美元。每次我都很懷疑，如果絕大部分的 Hartford 居民想到自己的收入和消費能力的話，不知道他們會對這個廣告有什麼想法。各式各樣的人每天開車經過這個廣告看板，他們都看到同樣的訊息：「你應該擁有這個」，然而其中卻只有非常少數的人，實際上能照著這個訊息做，去買一支勞力士錶。共享的價值，加上不平等的機會分配，使得人們**欲求**的內容很相似，可是以社會認可的方式**取得**所求的能力，卻有相當大的差異。

陷在這樣的困境裡，人會產生一種緊張、衝突感，會想要解決這樣的困境。一個方法是用合法的手段認真工作——例如找個工作——以便獲得文化價值中鼓勵他們獲得的東西。然而，由於機會結構是不平等的，好工作沒有那麼多，不是每個人想要有好工作就能找到好工作，因此這條路只有一部份人走得通。對其他的人來說，他們所擁有的選擇就沒有那麼吸引人了。另一個選擇是，放棄這些文化價值，告訴自己那些東西也沒有什麼了不起。這就是伊索寓言裡面說的酸葡萄反應：拒絕那些你無法擁有的。這並不容易做到，因為我們從很小的時候就開始接受各種價值，這些價值很難說丟就丟，特別是當我們每次翻開一本雜誌、打開電視

或收音機時，這些價值就被重複宣揚一次的時候，要拋開這些價值更加困難。因此，如果我們無法制止想要這些東西的慾望，而我們又無法進入能夠獲得這些東西的合法管道中的話，要怎麼辦？一個答案是想出一些墨頓稱為「創新的偏差行為」的作法：如果要擁有一支勞力士錶（或者是餵飽我的孩子、穿好衣服）的唯一方法，是走非法的路，那我就會這麼做。另外一種反應則是反叛：挑戰現有制度及其不公平的機會分配。我可能發動革命要求每個人都能有個好工作、要求社會財富重新分配。或者，我可能放棄一切，搬到深山裡的一間小木屋，遺世獨立地生活，用一種不違法的方式，拒絕追求世間物質慾望，拒絕那種人們為了追求財富而過的所謂「正常」生活。

價值的分布，與滿足這些價值的合法機會的分布，兩者之間的落差越大，偏差行為就越可能產生；不管這偏差行為是以創新、反叛或是退縮、抽離的方式展現。這不意味著高犯罪率是由於人們真的缺乏他們所需要的東西；這意味著高犯罪率是因為人們缺乏那些**旁人**都有、而且文化價值告訴他他**應該**有，而他卻沒有的東西。如果一個社區裡每一個人的生活水準都相同，他們通常傾向於共享一些和其生活處境一致的價值。然而如果一個社區裡有一群窮人緊鄰富人而居的話，偷盜和其他與財產有關的犯罪就會多得多，因為窮人

93

和富人共享了與財富有關的價值，可是窮人卻沒有獲得這些價值的機會。這正是研究者發現的情況。舉例來說，一項研究發現，無論實際上貧窮程度如何，在民眾收入最不平等的城市裡，竊盜、搶劫案的發生率最高。[8] 因此，一些高度貧窮的社區裡，人人都差不多一樣窮苦時，反而犯罪率比有人窮、有人富的社區要低得多。

94　　　　價值的分布與滿足這些價值的機會分布，是**體系**的特徵而非體系中個人的特徵。舉例來說，作弊的學生部分也是對於學校這個體系如何組成在做一些回應。大部分的校園文化都非常強調成績，但卻沒有提供平等得到好成績的合理機會。例如，學生們能從他們的老師那兒得到多少鼓勵和支持，會因為學生的性別、種族、族群與社會階級背景而有差別。此外，每個學生有多少時間和精力可以投注於功課上也不盡相同（特別是當有些人必須工作賺錢養活自己的時候）。學生們入學以前的背景、家庭資源，以及他們的潛能已經開發了多少等等，也都不同。還有，學業成績評分通常都依循鐘形的常態分布曲線給分，這意味著每一個班上必然有一定比例的學生成績會很差，才能符合鐘形曲線的尾端這部分。其結果就使得學校成為一個競爭體系，對其中的許多學生來說，這個體系提供的「阻力最小的路」，就是作弊，或者用破壞其他學生作品的方式來「拉低成績分布曲線」。

　　這並沒有告訴我們，哪些學生在參與學校體系時會欺騙舞弊。可是它確實告訴我們，我們可以確知校園裡面的舞弊行為一定會發生，因為學校體系提供了這樣的機會。如果我朝空丟一個銅板，我很確定如果我持續丟非常多次的銅板，銅板出現正面和反面的機率會差不多。然而，瞭解這一點並不能告訴我們，任何一次特定的丟銅板，其結果會是正面或反面朝上。同樣的，知道一個社會體系如何運作，並不能告訴我們每一個人將如何參與這個社會體系的運作，因為社會學並不是為了預測個人行為，而是為了理解社會環境如何影響了人的行為模式、以什麼方式影響人的行為、其後果為何。就社會學的意義來說，任何一個特定的學生是否舞弊並不是重點，重點是究竟有多少人舞弊？很多人或者少數人？不同的學校、不同的社會群體是否會有不同的舞弊行為？這些問題才是社會學的重點。不是因為**這個人**舞弊、**那個人**偷竊、**這個人**落得貧窮，就使校園舞弊或社會犯罪成為問題。當舞弊、偷竊、貧窮這些事發生在我們或我們認識的人身上時，我們當然會關切這些事。可是這些並不是使我們警覺到像貧窮、暴力和經濟不安這些人們最關切的社會問題的原因。使我們警覺的是，某種程度上我們明白這些問題發生的根源是在我們所參與的體系之中的。就這一點而言，這些問題可以在任何時間成為我們之中任何人的問題。

95

作爲關係的結構

　　社會身分之所以在社會生活的結構中十分重要，不是因爲它們本身重要，而是因爲連結了各種社會身分彼此之間的關係很重要。從某種意義來說，社會身分本質上就是關係性的；如果沒有和其他社會身分之間的關係存在的話，則社會身分根本就不會存在。當你要解釋什麼是「經理」、「母親」或「老師」時，無法不提到什麼是「員工」、「女兒」或「學生」。任何指涉了職位與身分地位的事物都是如此。「紐約」本身沒有任何意義，除非它與附近某個方向、相隔某些距離的某些地點有關連。如果有一個社會或文明完全遺世獨立，除了它自身以外，沒有任何人知道它的存在的話，大概也沒有人會想去爲它命名。

　　那些連結各種社會身分彼此之間──或者整個體系──的關係，正是我們腦袋裡所想的社會結構的主要部分。弄清楚當人們參與這些關係時，這些關係是如何被形塑的，正是社會學演練中的一個關鍵。舉例來說，每一個體系都有一個由各種社會身分與角色關係所組成的角色結構。最簡單的結構由兩個同樣的社會身分所組成，例如像一個女同性戀婚姻關係裡的兩個人。至於異性戀婚姻則複雜得多，因爲這兩個社會位置根據其性別而分化爲太太與先生，而太太與先生的角色在社會文化的定義下又是不同的。

　　不管是同性戀婚姻或異性戀婚姻，只要加進了一個新的身分——小孩——一個婚姻體系就會起劇烈變化，這是所有當父母的都非常清楚的事。在一個異性戀婚姻中加進一個小孩，並不只是加進一個小孩的位置而已，它也同時在這婚姻體系裡加進了父親和母親的位置。其結果是，婚姻體系中的角色結構就從兩個身分地位變成五個身分地位，而角色之間的關係則從一種變成八種，即使參與這婚姻體系中的只不過是三個人而已。生活突然間變得複雜許多，導致很多我們所熟悉的壓力和困惑模式。舉例來說，一個男孩的父親也同時是這男孩母親的丈夫；一個女人的丈夫也同時是她小孩的父親。在這樣的一個體系中，人們和誰溝通、注意誰、在某個特定時刻中他們滿足了誰的需要，以及他們對彼此的想法，這些都來自於好幾條最小阻力的路在同時運作，複雜互動的結果。男人嫉妒他妻子對她的新生兒的關切（他的妻子也是母親，可是卻不是他的母親）是這類眾所周知的結構現象之一，這個現象之所以經常發生是因為家庭結構提供了發展這種現象的機會。換個情況，如果每個家庭都有無數可以幫忙照顧新生兒的大人的話，家庭中的互動方式，將會與典型由異性戀婚姻中兩夫妻所組成的核心家庭的互動模式非常不同。

當夫妻之一或夫妻雙方再婚，由繼父或繼母取代生父或生母的時候，家庭中的角色結構將更為複雜。當孩子只和父母之一有血緣關係，而其生父或生母不再同住一個屋簷下時，衝突與惡感產生的可能性便極高。當繼父或繼母在這個新的家庭體系中還沒有開發出他們自己的空間前，他們非常容易感覺自己被排除在外，得不到繼子繼女們的信任、關愛、尊重。而且，繼父／母常會為了爭取孩子們生父或生母的注意和信賴，和孩子們產生競爭的關係，使得生父／母在子女和配偶的拉扯之間，心力交瘁。孩子和生父／母這個新來者，這經常造成一種危機，特別是當孩子們仍然希望找回他們的另一個生母／父的時候，更是如此。

以上這些結構性的訊息並不能告訴我們在任何一個特定的家庭裡會發生些什麼；然而，它卻告訴我們許多關於家庭結構中預先鋪設好的一些阻力最小的路，以及當人們順著這些道路前行時，這些路很可能會將家庭帶向什麼發展方向。舉例來說，當繼父母覺得被排斥、不受繼子女歡迎的時候，他們必定會覺得這些都是衝著他／她來的；不過如果他們知道家庭體系的結構就是設計成這樣的話，他們可能會覺得好受一點。除非在每日生活的互動中，每個家庭成員在決定如何參與互動時，有新的結構產生，否則事情很容易就會朝這個方向發展。[*10]

我們可以用同樣的方式來分析每一個社會體系,從最
小、最簡單的社會體系,到最大、最複雜的社會體系;從政
府和商業的資訊流通,到軍隊的領導統御問題;從社會運動
的成敗,到都市幫派的角色結構;從國際衝突與全球經濟的
結構到保健體系中不斷改變的醫病關係,關於結構如何形塑
社會生活的一些基本問題始終都是一樣的。舉例來說,我們
可以問,關於工業社會和非工業社會在世界經濟中的角色,
如何影響、拉大貧國與富國之間的經濟鴻溝,並且造成各國 98
內部不平等層級升高的問題。我們也可以問,這些全球性的
互動模式如何使得企業為了使投資報酬最大化而關閉工廠,
把工作從一個地方轉移到另一個地方,進而影響到像家庭生
活這樣小的範圍的問題。社會學的演練總是把我們帶向最根
本、最艱難的真相:每件事物總是在某些方面和其他事物有
關。這是為什麼實際運用社會學是如此具有挑戰性的緣故;
這也是為什麼社會學如此令人期待的緣故。

---

*[10] (譯註) 在台灣,媳婦在夫家的角色也反映了這種家庭體系結構設計下的個人處
境。婚後,女性新的家庭角色—夫家的媳婦—經常要求她必須「將丈夫的父母視
為自己的父母」,與丈夫一同 (或者代替丈夫) 盡孝道。然而,這種孝道是完全缺
乏原生家庭中父母與子女長期親情交濡所培養的感情基礎的,在缺乏為人子的感
情基礎下,要以人子的身分對公婆盡孝道就成為一個長期而艱難的挑戰。婆媳關
係的緊張則是另一個家庭體系結構下的產物。

結構在分配：誰得到什麼

　　就像我前面說過的，異性戀婚姻結構比同性戀婚姻結構更爲複雜，因爲丈夫與妻子的角色有性別的區分。不過，同性與異性戀婚姻的差異並不僅止於此，因爲這兩種婚姻結構同時也意味著體系中的各種分配。舉例來說，在大部分的社會中，丈夫傾向於擁有比較大的權力和地位，反映了男性在父權社會中整體的優勢地位。就像所有的社會體系一樣，家庭有各種資源與酬賞可以分配給家庭中的成員。其中最重要的當屬權力、收入、財富與聲望，不過除此之外，資源與酬賞的形式還有很多種，例如父母的注意與關懷、對汽車這類物質文明的使用管道等等。不管一個體系中的資源與酬賞是什麼東西，基本的結構性問題仍然是：這些資源酬賞的分配有多麼不平等、這種不平等是如何形成的、不平等的模式又是如何被正當化、如何被維繫的，以及這種不平等如何影響了參與其中的人們的生活、如何影響了整個體系。

　　舉例來說，在大部分的父權社會中，男孩被認爲比女孩有價值。在許多社會裡，一個男孩的誕生是被歡欣慶祝的；而當一個女孩誕生時，如果沒有被來致意的人視爲災難的話，至少也被當成是件令人失望的事。即使是在美國，當人們被問及：「如果只能有一個小孩，你會希望小孩是男是

女？」的時候，大部分人仍然比較希望生的是男孩。很多例
證都顯示，一個社會對男性賦予的價值越高，家庭中分配給
男性的資源就越多、越不平等。例如在中國，女嬰出生後可
能會被遺棄致死，能活到童年階段的女孩則有可能被賣給人
家作童養媳或雛妓。十九世紀的愛爾蘭，由於家中的食物和
其他資源分配都重男輕女之故，當時女孩的存活率遠低於男
孩的存活率。在許多工業社會中，家庭犧牲女兒，把教育支
出集中花在男孩身上仍是常見的事。其理由是，教育對女孩
沒有那麼重要。＊[11]

　　不管是在一個社會中，或是在不同社會間，社會不平
等的模式都是社會體系如何運作的主要特徵，無論這不平等
的基礎是社會階級、性別、種族、族群、年齡或是性傾向。
所有這些社會不平等模式的核心就是權力的分配。權力是運
用社會學時最重要的觀念之一，可是權力也同時是最難處理

＊[11]（譯註）根據 Susan Greenhalgh（1988 "Intergenerational Contracts: Familial Roots
　　of Sexual Stratification in Taiwan," in Daisy Dwyer and Judith Bruce eds., A Home
　　Divided: Women and Income in the Third World, pp. 39-70）和林鶴玲、李香潔
　　（1999〈台灣閩、客、外省族群家庭中之性別資源配置〉，《人文及社會科學集刊》
　　第 11 卷第 4 期，頁 475-528）的研究都發現，台灣家庭中父母認為女兒出嫁後即
　　為夫家的人，普遍預期老年安養照顧的責任和家庭香火的繼承都將由兒子來承
　　擔。因此，父母會盡可能的將家庭中的資源投注在兒子的教育與技藝學習上，相
　　對的，女兒們能夠獲得的教育資源不但相對有限，而且在家庭經濟窘迫時，常常
　　還必須放棄學業，幫助家務或出外工作賺錢，以供兄弟們讀書。這種情形在經濟
　　情況較差家庭的長女身上特別常見。

的觀念之一，因為界定權力的方式非常多。標準的權力定
義來自於十九世紀德國社會學家韋伯 (Max Weber)，韋伯最
為人所知的是他對科層制度極富前瞻性的分析。韋伯將科
層制度視為一種組織的方式，其中有種特殊的權力形式在
運作，而且他也正確地預測了這種組織方式將成為日後社
會生活中最主要的社會組織形式，從學校、宗教到政府，
都是科層組織。

100　　　根據韋伯的定義，權力是一種不管對方是否同意，權
力擁有者都能夠控制事件、資源與人們的能力；權力是一種
掌控、強迫、宰制的工具。當然這種定義的權力是當前各社
會中最被欽羨的權力型態，不過這並非唯一的權力型態。舉
例來說，在此之外還有合作與分享的權力，照顧和促進那些
我們所不能控制的事物過程的權力。助產士在生產過程中扮
演了一個充滿權力的角色，但是她們並不會控制或主宰那些
參與生產過程中的人。還有另外一些充滿權力的經驗，像是
在宗教儀式或社群儀式中，與其他人聚首時所強化的歸屬感
和生命的意義感。和此有關的，是那種通常來自於生命中深
刻感動經驗的精神力量，以及人們在各種宗教形式或其他實
踐形式中，所經驗到的超凡力量，這些力量都極具權力感，
可是卻並不是一種強制性、操控性的權力。然而，人們掌控
的能力已經被提高到一個程度，使「權力」和「有權力的」

形象，千篇一律地都像韋伯所說的那樣，反而很少像前面所提到的這些另類權力形式。當世界大多根據這種權力形式來組織，並且因而對社會造成重大深遠的影響—特別是以社會壓迫的形式出現——的時候，我們很容易明白，何以這是社會學中最常用到的權力定義。

在許多社會學實踐的層面上，意識到各種事物如何地彼此關連，一直是非常重要的一點。種族主義就是一個好例子。不平等的資源分配，與一個人與生俱來的身分結合，使得身體成為個人壓迫的根源。種族主義使一個人與生俱來的狀態，也同時成為他／她社會生活的狀態。種族主義導致各種結構性的不平等，從收入、財富、聲望和權力的鴻溝，到種族區隔明顯的職業分布。種族主義的結構，因而和文化意識型態緊密結合——信仰、價值、規範、態度與意象等，都是種族仇恨、種族偏見用來形塑並正當化種族特權的東西。從這個觀點來看，要終結種族主義所需要的，絕不只是單純的改變人們的態度，絕不是讓人們多容忍他人，或歌頌差異就夠了的。在一個更深刻的層次上，種族主義是經緯交錯地織進整個社會結構脈絡裡的，在沒有改變整個社會結構脈絡 (social fabric) 的情況下，是無法把種族主義連根拔除的。

101

體系與體系：家庭和經濟

　　要理解社會生活中的任何事物，若沒有看到它和社會生活其他層面之間的關係的話，是絕不可能辦到的。這個原則既適用於社會體系之內，也適用於各個社會體系之間。舉例來說，你如果比較兩個世紀前和當代的家庭生活有何不同的話，你會發現兩個時代間許多驚人的家庭生活差異部分，都來自於兩個時期在經濟生活組織上的驚人變化。

　　在十八、十九世紀工業資本主義興起之前，絕大部分的商品是在家庭中生產，主要供家庭成員自己用的。人們吃的，多半是自己種、自己養的；從衣服到蠟燭等穿的、用的東西多半是自己做的；自己不生產的東西則用以物易物的方式取得。我們今日稱爲「服務」的東西也是用同樣的方式提供、交換的：那些人們無法自己做的事，要不就和鄰人一起做——從蓋穀倉到把收成搬進去——要不就提供服務換取他人的服務。金錢在這些交易過程中所佔的角色很小，通常錢都是年終時用來「平衡帳戶」的；當某人爲別人所做的服務，超過別人爲他所做的服務的時候，金錢才被用來彌補這種差距。

　　當時，家庭權力結構是父權中心的；男人控制了土地所有權，文化上又視男人在道德與才智上都凌駕女人，因此

男人掌握權威；即便如此，家庭中實際進行的事物都是以女人為中心的，因為女人負責大多數的生產工作，包括養育小孩。男人壟斷了某些生產領域，例如田地的耕作，然而家庭中使用與消耗的絕大部分物品和服務——衣服、食物、蠟燭、肥皂之類的東西——都是女人生產的。因此，女人在當時的地位是相當矛盾的——她們是權力結構中的從屬者，可是在角色結構中女人卻是不可或缺的。某種程度上來說，當時男人與女人之間的高度互賴可能抑制了父權宰制的效果，因為大多數男人太需要女人，以致於無法充分利用男性一家之主的權威優勢來支使女人。*12

　　這些家庭角色結構中，小孩也佔了個重要的位置。由於大多數人務農，孩童們從小就要開始工作。當義務教育 (public schooling) 在十九世紀中晚期開始大規模實施的時候，學校放假日是配合農忙時家庭需要孩童勞力的需求而訂定的，這也是為什麼學校會在夏天停課、放暑假的緣故。由於孩童經常性地在父母與其他成人身邊工作，代間互動的機會很多，特別是小孩與父親、母親的互動更是如此。雖然養育小孩主要仍然是母親的責任，然而當家庭成員住在一起、

---

*12（譯註）換句話說，在工業革命之前、以家庭為主要經濟生產活動地點時，女性和男性在經濟生產活動上是互相依賴的 (interdependent)；然而在「男主外、女主內」的經濟分工模式之下，家庭中女性的經濟角色則成了「依賴者」(dependent)。

工作在一起的時候，父親也自然有機會在小孩發展的過程中扮演積極主動的角色。[9]

103　　當工業資本主義興起之後，這一切都改變了，其影響至今不衰。當人們離開農地到工廠工作時，原先家庭成員在同一處居住、一起工作的型態便逐漸消失。這種現象對父母們造成了人類歷史經驗上從沒有發生過的兩難：父母親不再能夠同時工作和照顧小孩。許多下階層和勞動階層家庭必須夫婦兩人都工作才夠維生，因此孩童在很多方面都必須自己照顧自己。而當階級結構中，中產階級逐漸膨脹時，這種爲人父母的兩難以一種方式解決了：丈夫出外賺錢養家，妻子則留在家中照顧小孩。由於中上階級的生活模式，經常會變成整個社會文化上的理想模式，因此，勞動階級家庭中的丈夫與父親，越來越以是否能獨立賺錢養家、讓太太小孩留在家中，作爲評量自己成就的指標。這是何以男性工人要求、也確實獲得了所謂「家庭薪資」(family wage)——男性工人拿到的薪資必須能養活一整家人——的原因之一。「家庭薪資」不僅是對勞工的讓步而已，它也幫助維持了男性在家庭中的主宰地位。[10]

　　於是，工業資本主義徹底地將傳統典型的家庭角色結構切割開來了。過去女人所負責的生產工作—從烤麵包、做肥皂到織布——迅速地被工廠以更快、更廉價的生產方式所

取代。這意味著，有史以來第一次，照顧小孩成了一個女人的全職工作，這份工作中還包括了某些家務，像是清潔打掃。孩子們與母親相處的時間越來越多，丈夫和妻子則越來越不在一起工作了。

生產工作從家庭轉移到工廠，也影響到小孩在家庭中和在社會上的角色。讓小孩到工廠工作可以為家裡增加收入，但是這也把孩童放在一個與成人競爭的位置。除了這一點之外，社會上對於小孩在工時過長、薪水太低和工作環境惡劣的情況下，是否遭到剝削也感到關切。因此當義務教育施行時，法令也開始禁止雇用童工工作。當孩童在成人的工作世界中失去位置時，兒童和成人中間開始出現一個新的階段，那就是「青少年」；文化中對於年輕人的想像有了重大的改變。舉例來說，當孩童對於家庭的經濟價值消失之後，他們對父母的「情緒」價值便相對增加了。[11]然而小孩對父母的情緒依賴，仍不足以在家庭生活中全面取代他／她們原先的積極生產角色──這種情況至今依然。一直到工業資本主義使世界轉型之前，每一個社會中的小孩都是家庭中的生產成員。當他們失去生產角色的時候，他／她們便需要另外一些東西來取代，才能彌補失去的自我價值感和歸屬感。其結果就是同儕文化重要性的擴張；青少年同儕文化不但與其周遭的成人文化有清楚區隔，兩者還時有扞格。青少年因為

拒絕主流文化價值的緣故，越來越變成偏差行為，還常是暴力行為的來源群。舉例來說，犯罪行為的犯案者中，男性青少年的比例超過任何其他年齡群。就像瑪格麗特・米德 (Margaret Mead) 對薩摩亞青少年的經典研究中所指出的，這些模式可能反映了一個更廣大的家庭結構與經濟生活的歷史變化，以及這些變化如何剝奪了青少年在社會上有意義的、安全的位置。[12]

因此，工業資本主義以幾種方式逐漸破壞了女人和小孩的地位。雖然程度和方式上有所不同，工業資本主義也影響了男人。[13] 生產活動離開家庭、移出農業後，幾乎將家庭作為一個經濟生產團體整個摧毀了，至少就社會及其報酬而言是如此。家庭都在做些什麼，對於經濟活動仍然有重要的意義，因為沒有家庭的話，工人們將失去休養生息的地方；未來的工人也將失去長大成人的地方。然而家庭的這種貢獻，很少被視為一種具有經濟價值的生產工作。因此，擁有土地和掌控家庭不再足夠作為支持男性父權權威的基礎。換句話說，他們現在所掌控的東西，在作為身分地位和權力的來源上，重要性已經大不如前了。這個世界仍然是父權的，也同樣是以男性宰制、認同男性、男性中心的方式在組織的，可是個別男性在他的世界**中**的位置，則已經產生了劇烈的變化。絕大多數的男人不再擁有掌控

生產的權威——不再像過去農人對自己的農地或獨立工匠對自己手藝所具有的權力了——現在，他們在雇主所掌控的工作環境與條件中，爲薪水工作。這意味著男人必須找其他方式來鞏固男性的性別特權。

一個方式是讓男人控制他們賺來的薪水，以及用這些薪水買來的家庭財產。舉例來說，歷史上不久之前女人仍然不被允許擁有財產、簽署契約，或者花自己賺的錢。而男人則享有了前所未有的獨立。一個以薪資爲基礎的資本主義經濟，容許人們以在家庭之外賺錢的方式，求取個體的存活，這打破了過去家庭作爲生產單位時，將女人、男人和小孩緊密結合的強大經濟互賴力量。由於男性特權容許男人逃避照顧小孩之責，男人得以——也確實——利用這種獨立性，而這是女人所無法做到的；她們的獨立性因爲要照顧小孩而喪失了。今日許多人相信這種男人在外工作以養家活口、女人留在家中不「工作」的安排，是自然的、天經地義的家庭生活組織方式；相信有史以來人類社會中的家庭一定都是以某種類似的形式安排的。殊不知，這是個歷史上極晚近才出現的社會發明，而且這個現象持續的時間也不長。這可以從許多妻子、母親，和其他女性在二十世紀下半期大量進入市場，成爲有酬勞動力的歷史發展看出。

男性在超過一個世紀之前，開始其家庭角色結構上的

轉型，而女人現在則正在完成這個轉型的過程。從這個意義來看，職業婦女並不代表對傳統家庭生活的揚棄；女人在歷史上一直都扮演生產工作的角色，而男人則是第一次將「父母離開小孩外出工作」的概念引進現實中的人。勞動的妻子與母親，是家庭在努力調適工業資本主義社會的長期過程中的一部份，正如同之前的所有社會一般，工業資本主義社會也需要大多數的成人工作賺錢才能養活一家人。資本主義工業革命時，男人離家工作，也為家庭生活製造了緊張；而女人離家工作也產生了同樣的影響，特別是在養育小孩這方面。這並不是單純因為女權運動而造成的，也不是因為女人現在比過去更可能「選擇」出外工作。這是經濟與家庭結構之間持續不斷的緊張關係直接造成的後果，這種緊張關係一度在某個階級中，藉由把妻子和母親留在家中，讓她們經濟上倚賴丈夫而暫時獲得解決。然而，當妻子和母親們在家庭之外找到受薪工作時，這種舊的解決緊張的方式就失效了。這也是為什麼美國的育兒危機越來越嚴重的緣故（也許，那些有錢雇用其他女性來照顧自己小孩的富裕家庭是個例外）。

107　　一個社會中，為數眾多的成人能夠賺錢謀生，而不必被綁在一個家庭生產體系內，這是在資本主義工業革命之前從未聽聞的事。當這種獨立成為可能後，它改變了家庭生活

的形貌，以及女人、男人和小孩彼此間的關係。在過去這數十年中，美國的獨居者和接近三十歲卻仍單身未婚的男女之比例，急遽上升；而在即將進入二十一世紀時，這兩項數字仍在持續穩定上升中。非家庭組成的家戶誕生的速度，比家庭組成的家戶要快上兩倍。[14] 同時，企業也感受到壓力，開始採行措施，企圖紓解那些必須工作的家庭成員的緊張情緒。這一切將如何收場，得看我們追究一些艱難問題的意願有多強：家庭究竟是什麼？家庭為什麼重要？一個經濟體系應該為參與其中的人做些什麼？

結構與文化的關連

　　類似文化與社會結構這類的概念，都是些讓我們思考社會生活的工具；這些概念讓我們看到事情是怎麼進行的。它們很有用，因為它們集中焦點在現實的不同層面上，使我們稍後得以在我們的腦袋裡，把這些東西重新拼裝成一個整體。由於文化與結構各自有其名稱，也通常都被分開討論，在現實中我們因而很容易將它們視為兩個獨立的事物——文化在這邊、結構在那邊。然而事實上，當我們看到其中一者時，另一者必定也同時在那兒；兩者從來未曾獨立存在過。從來沒有一個體系是只有價值而沒有信念的；或者只有文

108 　化，而沒有結構的。結構的每一個面向都和文化象徵、文化概念有關。同樣的，體系只有在當人們參與其中的時候才存在，而且透過參與的過程，作爲個人，「我們到底是誰？」這個問題才產生、才成形。社會生活中的每件事物──從人到體系──只有在與其他事物發生關係的時候才存在。然而，當我們發明各種思考這些複雜現實的方法時，卻很容易忘記這一點。這就好像我們研究人體解剖學一樣：書上總是分成許多部分，每個部分分別鑽研人體中的某個領域，像神經體系和循環體系。然而這種區分卻多少是爲了方便的考量，而有任意劃定的成分在內，因爲神經、血管和身體之間是完全緊密扣連，無法這樣清楚切割開來的。我們可以發展出某些思考方式，這種思考讓我們把循環或神經體系**想像**爲彼此各自獨立，但是這也是我們能做到的最大限度的理解了。大部分思想體系所創造出來的類別也是如此，文學批評、數學、或社會學都是如此。理解文化與結構**是**什麼，只是開端而已。因爲我們接著必須瞭解它們如何以彼此相關的方式形塑社會生活，以及參與其中。

　　我們可以以種族歧視爲例，種族歧視作爲一種文化態度，結合了對不同種族刻板印象化的信念，以及把某些種族視爲較另外一些種族更爲優越的價值判斷。那些不符合「白種」標準的人被視爲比白種人低劣；而其中皮膚比較白的又

比皮膚較黑的好些。如果不是因爲偏見和社會的結構層面結
合的話，偏見也不會成爲這麼嚴重的一個問題，特別是在角
色結構──誰得到什麼──以及權力、聲望和其他資源酬賞
的分配上。如果不是因爲有這些經濟、法律、政治權力上系
統性的不平等，以及在學校中、在街上走路時、在獲得醫療
照顧和各種影響生活品質的社會服務上所受到的系統性差別
待遇的話，偏見頂多造成被歧視者的情感受傷罷了。從這個
意義來看，種族主義絕非僅止於某種思考或感受而已。在這
將某群人的特權與權力，建築在他群人的失去權力之上的一
整套社會體系結構中，種族主義是不可或缺的一部份。

　　我們可以將文化上的偏見，視爲既是結構性不平等的
因，又是它的果。對黑人的負面偏見可以幫助白人形成一條
阻力最小的路，促使白人惡待黑人，或者對於黑人所受的不
公平待遇袖手旁觀。但是反過來說，如果白人惡待黑人是白
人種族特權的一部份的話，白人可以運用對黑人的負面看
法，來合理化其惡待黑人的行爲，進而使其種族特權顯得恰
當合宜，甚至不算什麼特權。這種既是因又是果的循環關
係，使得光是改變人們尋常對種族的思考和感受模式，不足
以終結種族主義。種族主義也同時是一整套複雜的結構安
排；這套結構安排形塑了種族特權體系的樣貌，要讓白人放
棄**這些**結構性安排，才是眞正困難的大工程。舉例來說，如

109

果黑人不是集中在社會低下階層和勞動階層的話，他們便會讓中產階級白人在找工作上增加許多競爭，同時資本家也會失去廉價勞動力的來源。白人或資本家都不太可能會喜歡這種種族進展。因此，把焦點放在文化偏見上，將文化偏見當成唯一的問題，比起試圖改變種族特權結構和種族偏見所支撐的資本主義經濟，要來得容易得多了。無論我們在改變種族主義的文化面向上獲得多少成功，我們仍然必須處理結構的問題。*15*

種族主義的文化面和結構面不僅在運作上彼此相連，兩者改變的驅動力也緊密相連。舉例來說，種族刻板印象和信念都環繞著一些被扭曲或誇大了的眞實或想像差異而存在，而這些誇大或扭曲了的種族刻板印象，總是藉由貶抑其他種族來抬高某一種族的地位。這些信念被普遍化到該種族的每一個成員身上，而且這些誇張、扭曲了的種族特質，也通常被認爲是與生俱來的——有些人之所以言行舉止是那個樣子，純粹是因爲他是那個種族的人的緣故。由於我們心中的概念極少精確地描述任何實際的人，要消解刻板印象信念的最好辦法，就是給人們一個機會來接觸不同種族的人，實際上瞭解他們是什麼樣的人。可是如果不同種族的人，住在互相隔離的社區、在不同的場所工作的話，這種生活接觸就

110

很難達成。譬如在美國，街坊鄰里和學校裡都是高度種族隔離的，如果要讓學校裡的種族比例，恰當地反映各種族在美國全部人口中所佔的比例的話，有一大半的學生必須轉學到其他學校才辦得到。[16]

　　種族隔離使得刻板印象得以持續存在，因爲人們從來不需要面對刻板印象其實和事實不符的問題。然而，如果我們用創造人們共同工作、共同學習機會的方式，來改變種族關係的結構的話，面對顯示他人眞實樣貌的各種具體證據，刻板印象會比較容易崩解。[17] 這種整合方式可以減輕種族刻板印象、增進跨種族友誼，特別是當人們在同一個團隊、必須倚賴他人合作以完成目標的情況下，這種整合更爲有效。這也是爲什麼軍隊和運動團隊裡的種族問題，通常比較不嚴重的原因之一。

　　文化與結構的交互作用對社會生活而言是很根本的。文化價值上的改變可能帶動權力分配結構的改變。舉例來說，在美國教育史上，曾經有好幾次強調學生自主和個人成長的價值高漲，使得許多校園中的權力結構改變，讓學生對學習的內容與如何學習有更大的控制權。1960 年代離婚仍然被視爲可恥的，政治人物如果離過婚，政治生命就完了。然而當離婚人數增加時，離婚者在社會上的可見度提高，離婚也逐漸被社會接受、不再像過去一般成爲離婚者的終身包袱。同樣的文化變遷

111

也發生在性傾向方面：男女同性戀者紛紛「出櫃」，增加了同性戀者在社區、職場、學校、宗教聚會所中的可見度。

這些模式顯示了社會體系中的不同面向如何彼此強化，以及它們可以如何彼此矛盾、製造緊張，進而改變了阻力最小的路。性別主義、種族主義、異性戀主義，以及其他形式的壓迫，持續存在的部分原因是它們符合了某些強有力的文化信念：相信男人、白人、異性戀者的優越性。然而，這些文化信念也同時違背了其他重要的文化價值：機會平等、公平、寬容、自由與尊重差異。這種信念價值上的矛盾創造出繆達爾 (Gunnar Myrdal) 所謂的「一個美國的兩難」。[18] 人們被迫面對一種夾帶了種族主義的生活方式，而這種生活方式則正好違反了某些他們最珍視的價值。1950、60 年代時，金恩 (Martin Luther King) 與黑人民權運動用這種價值衝突作為強有力的訴求工具。他們不是要求白人社會**改變**其價值，而是挑戰白人、要白人實踐他們**既有的**價值。這種策略迫使許多白人必須在兩種價值間做選擇：是要肯定公平和機會平等呢？還是要肯定既存的種族主義現實？就像繆達爾所預期的，這兩種價值間的緊張不斷地產生改變的壓力。

112　　馬克思是第一個對衝突在社會生活中所扮演的角色做嚴肅探討的學者，在他對資本主義這個體系如何運作的分析中，衝突佔了重要的位置。[19] 資本主義圍繞著一套關係而組

織、運作，這套關係包括：（1）機器、工具、廠房和其他
的生產工具；（2）擁有及控制生產工具者（資本家與企業
經理）；以及（3）不擁有生產工具，卻用這些工具生產財
富以換取薪資的工人。資本家靠著將工人生產出來的其中一
部份價值佔為己有而獲利；工人則盡可能地保有他們生產出
來的價值以換取生活所需。因此，如果工人們所生產的物品
價值，在扣除材料和其他成本後，還多五百萬美元的話，工
人們只能留下這五百萬美元中的一部份，其他的則歸資本家
所有。

　　馬克思認為這種安排是本質上有衝突的。就最簡單的
意義來說，工人的利益與資本家的利益衝突──在這個基本
上是剝削的關係中，此勝則彼敗，彼勝則此敗，雙贏是不可
能的。引申而言之，資本家會盡可能的把利潤分給自己，因為
這正是資本家增加財富的方式。然而，如果資本家過於貪得無
厭，工人們就沒有足夠的錢來買工人們生產的物品，如此一
來，經濟體系的根本目標不但無法達成，反而引發危機。再往
深處看，資本主義的經濟「效率」驅動力──以最低成本生產
最大財富──本身就是衝突矛盾的。在一個典型的資本主義社
會中，效率是以製造每件產品（每輛車、每浦式耳*[13]小麥）所

＊[13]（譯註）一浦式耳 (bushel) 等於 35 公升。

需要的工時成本來衡量的。效率提高意味著工人每小時生產的產品數量增加，而**薪水卻沒有相對等的增加**。換言之，當工人們每小時的生產效率加倍時，他們的薪水並沒有加倍。工人們越有效率、生產力越高，他們從自己所生產出來的財富中所**分配到的比例**就越低。這也部分解釋了美國在 1980 和 1990 年代發生的現象：生產力與企業利潤增加，可是工人們的收入曲線卻維持扁平、沒有成長，反而由於整體的社會不平等增加了，工人們的實質收入其實比以前來得低了。舉例來說，1994 到 1995 年間，美國家戶收入的中數 (median household income) 增加的速度，六年來第一次比通貨膨脹率來得快，可是即便如此，仍然比 1989 年家戶收入的平均數要來得低。當只計算受雇收入時，收入中數實際上是降低了。[20]

從馬克思的觀點來看，這種結構衝突的唯一解決之道，是改變資本主義結構本身——工人、擁有者，以及生產工具之間的關係。然而這卻威脅到資本家階級所享受的特權之基礎。由於資本家階級擁有極大的社會權力和影響力，任何改變資本主義結構的企圖都會遭到無情的打壓。結果是，資本主義的衝突從未得到解決，而資本主義體系的穩定則靠著其他方式維持，特別是透過政府的力量。舉例來說，二十世紀初期的工會運動就遭逢來自雇主的強硬，甚至暴力的對抗；聯邦政府與各州政府經常以軍警力量介入，保護工廠、

113

鐵道與其他資本所有者的私人財產權。

　　直至今日，這類政府介入干預行爲仍然持續發生，不過形式上變得比較不容易察覺，政府也很少再使用武力干預（不過，像南韓這種發展中的資本主義工業社會，則是例外）。舉例來說，政府會利用其資源來軟化資本主義對工人的負面後果，像失業救濟、社會安全、社會福利與醫療補助、低利房屋貸款、學費貸款、職業安全規定和各種保障公平勞動過程的法規等。由於資本主義有許多負面後果，所以，所有的這些福利都是不能省的。如果工人們在他們生產的價值中保留更多給自己，而全民就業又是國家的一個重要目標的話，社會上就比較不需要福利措施和失業救濟。如果資本主義所根據的利潤動機沒有鼓勵雇主盡量降低成本的話，聯邦政府就沒有那麼需要訂這許多規章來確保企業花錢提供工人安全的工作環境。

114

　　體系中的某一部份（例如經濟）受到體系中另一部分（例如政府）的「制衡」現象，可以穩定並維持每個社會生活層面中體系的運作。舉例來說，當婚姻出現紅燈時，夫妻經常會以生個孩子的方式企圖解決其婚姻問題，以爲一個孩子的誕生能讓兩人的關係變得比較親密。換句話說，他們以改變家庭結構的方式來維持家庭的持續運作。配偶們可能以更多更隱微的方式改變家庭角色結構，以彌補一個運作不良

的 (dysfunctional) 關係。還有，孩子們可能被迫面對父親或母親的不當期望，要小孩滿足他們的需求；在一些極端的例子裡，這種需要既是性方面的，也是情緒方面的。這類三角關係，不管對小孩造成多大的傷害，都有可能在家庭體系中持續經年。在這些例子中——無論是資本主義經濟體系，或是家庭——體系中某部分的結構緊張是和體系中另一部分的改變緊密牽連在一起的。

體系中的體系

社會結構的研究經常把焦點放在社會身分是組成體系的「元件」這一點上，在角色關係方面更是如此。但是就像資本主義與政府 (state) 的關係所顯示的，我們也可以觀察一下當體系本身是另一個更大體系的一部份時，體系與其所屬的體系**之間**發生了些什麼。舉例來說，要瞭解家庭中的壓力的話，從家庭本身著手是相當合理的。工業資本主義社會中的家庭經歷了各種壓力與緊張——要擔憂如何支付日常開銷、要買房子、送小孩上大學、找品質好的醫療服務、父母都必須外出工作時安排小孩的照顧問題、處理家人的情緒問題、離婚危機，還有家庭暴力虐待。把家庭當成一個體系來看，我們可以探究家庭是如何運作的、家庭成員如何參與紓

解這些問題，或者使這些問題更加惡化。舉例來說，核心家庭結構中，夫妻兩個成人要承擔沈重的責任，如果能將這些負擔分散到許多成人身上，像擴展家庭 (extended family) 那樣的結構，壓力就不會如此沈重、難以負擔。在個人的層次上，男性願不願意分擔家務責任也會對家庭生活造成重大差異，首先，身為職業婦女的太太和母親們的壓力與緊張程度就會改變，她們和身為丈夫、父親的男性之間的關係也必然不同。當然，男性是否願意分擔家務也受到一個男性特權文化的影響，這種男性特權文化讓男性豁免家務之責，即使男性很願意在女性要求下「幫忙」，情形也是一樣。

　　因為每件事都和其他事有所關連，我們要瞭解家庭內發生了什麼，就無法只觀察家庭。我們必須同時瞭解家庭及其成員如何與外在世界產生關連。家庭生存於一個生產、流通商品與服務的經濟體系中。當這個經濟體系運作的方式是將利潤置於參與者的福祉之上時，經濟與家庭體系之間註定要存在利益衝突。投資者不是為了要提供人們工作機會、讓他們能藉此養家活口，才去買企業股票的；投資者投資的理由是為了把餘錢拿來賺更多的錢。而在資本主義經濟中，最有效率的賺錢法，經常造成更多人失掉工作、造成家庭與社區的混亂 (dislocation) 與緊張。影響家庭生活的來源遠超過家庭本身。企業為了提升競爭力、更能賺錢而解雇員工時；

116

或者工資趕不上通貨膨脹，使夫妻兩人都被迫出外工作時，家庭生活都深受家庭之外的大體系之影響。許多家庭所經歷到的這種壓力不單和家庭有關，也和連結家庭與其他體系的關係有關。

不只家庭，所有的體系都是如此。舉例來說，城鎮與都市不但彼此相關，也和郡、州、省、社會等較大的體系相關，而這些體系之間的關係深刻地影響了各個體系內部所發生的。如果要瞭解美國大都市裡貧民區的危機的話，我們無法不瞭解美國都市與城郊社區的關係。在許多大城市中，學校體系極度缺錢，學生人口幾乎全來自黑人和中下、勞動階級。這種貧窮社區和資源匱乏的學校教育的結合，幾乎使得教育與訓練上長期持續的不平等更加鞏固。這其中一部份的問題來自於學校經費補助是由社區決定的，每個社區負責自己社區裡的學校經費籌措。當中產階級遷居到郊區社區居住後，都市中的人口越來越貧窮，他們無法提供許多基本的服務，包括教育。一個結構性的解決之道是重新劃分學區，讓教育兒童的負擔可以分散得更廣。舉例來說，如果學區劃分是以郡或地區為基礎的話，那麼一個都市及其附近的所有郊區地區都會包含在同一個大學區中，而教育經費就可以更均勻地分配到各個學校。如何劃定學區？這個結構疆界正是以學區與政治體系之間的關係來決定的。這件事改變了好幾項

117

界定：何人應爲何事負責？當我們說到像是「這件事上我們是命運共同體」時，「我們」指的是什麼？以及在教育「我們的」小孩時誰被包括在內？此外，當此一疆界決定了財務的權責分派時，它也同時觸及了財富的結構分布，這就是爲什麼郊區社區極力抗拒擴大學區範圍的主要原因。

當知道了體系之間的關係後，我們必須衍伸第一章所提到的社會學實踐 (sociological practice) 的基本原則。不僅個人始終參與在較其本身更爲廣大的事物之中，這些「事物」──這些體系──也以和比其本身更廣的事物發生關連的情況下存在。要演練社會學，必須要能跨越幾個社會生活發生的層次來思考：群體是如何與組織及社區發生關連的，組織和社區又如何和社會產生關連，社會與社會之間如何產生關連，以及個人如何參與在這所有環環相扣的過程之中。

人口與人類生態學——人類、空間、場域

The Forest and the Trees

4

見樹又見林

118　　大多數的社會學家認爲，社會生活主要是由文化、社會結構和人們與文化和結構的互動所構成的。但是這樣的看法，忽略了一個事實：社會生活總是發生在某些「**地方**」，且都是由一定數量的人所造成的。

　　我們可以把我們工作的辦公室形容爲一個由信念、價值、規範、角色結構、權力與收入的分配等構成的社會體系(social system)。再來我們可以發現，人們如何藉由語言和行爲來互動，讓辦公室一日又一日地「運作」下去。假設這個公司「縮減」了它的勞動力並裁減了三分之一的員工，結果造成怎樣的改變？我們要怎麼看待這事？這個體系的結構依然是一樣的，仍是扮演相同的角色且同樣有分配不均的權力和報酬。文化也同樣沒有改變，還是一樣的規則、和之前一樣相同的目標。所不同的是，參與這個體系的人數改變了。

119　任何曾在公司裁員衝擊中倖存下來的人，一定能夠體會到這樣的情況會產生深刻的影響。較少數的倖存者必須完成原本是較多人做的工作，而且他們通常必須在不會獲得額外報酬的條件下完成工作。他們雖然會因爲還能繼續保有工作而深感幸運，但同時也會質疑管理階層似乎比較重視公司的盈虧，而忽視在公司服務的資深員工。因此，這樣會回過頭來影響整個體系：例如，憤慨和抗拒的態度會浮現於員工的次文化中，並影響他們自己的角色扮演。

　　數量的影響很大，從社會生活中的最小層面到最大層面都有關係。每一個老師和學生都知道，當一個教室中只有五個學生和有五百個學生會有多大的不同。在擁有五百個學生的教室中進行討論是多麼地困難，而在只有五個學生的教室中，學生所面臨的卻是沉重的壓力。因此我們可以迅速的學習到，如何將這問題與全球人口的擴張相連結，也聯想到居住在那些衣食不足的地區的人們會受到什麼影響。無論數目是數十人或數十億人，我們都需要一個能夠得知人口如何影響社會生活以及會造成怎樣結果的分析工具。

　　我們也需要注意體系和人並非抽象地存在，而是活在物質生活空間的客體。例如，若有五個學生圍著一張小桌子進行討論，他／她們之間的對話顯然比起他／她們分散在一個大禮堂中，彼此必須用吼叫才能聽懂彼此意思的狀況下，更為有效。如果他／她們是圍著一個圓圈而坐，中間並沒有桌子的阻隔，他／她們的對話內容可能會更為親密。這也就是為什麼我經常在討論比較敏感的問題，例如種族歧視的問題的時候，做這樣的安排，我希望學生能夠更意識到他／她們的感覺和他／她們的思考。在一個更大的層次中，空間安排同樣的重要。例如，種族主義把不同種族在生活居住上區隔開來，這樣的安排，都是為了強化種族優越的結構，並藉著減少各種族之間的接觸，維持種族的刻板印象。因此，會

120

有數百萬的人被圈在「他／她們應在的空間中」。*¹

我們與空間和地域間的關係，有一部份是物質具體的配置，例如：從住宅分布的隔離，到會議室的傢俱擺設。但這樣的關係也與我們如何利用從物質環境中所獲得的資源，特別是自然資源有關。例如，一個大學的教室反應出社會與自然環境的複雜關係：利用環境提供的材料製作出黑板和傢俱、鑽取石油以點燃暖爐使教室暖和、利用核能產生電力供電腦和電燈使用。這個教室同時也反映出這個世界的生產體系是如此有效率，它能讓一小部份的人生產足以供應所有人食用的食物，而使數以萬計的人們不用在田地中種麥子和玉米，而能把時間花在讀書和學習新知之上。

簡單的來說，社會眞實 (social reality) 總是包括生物和物質的眞實。數量是重要的；空間、地域和地理環境也影響很大；人類出生數量有多有寡，從一地遷徙到另一地，地球上的資源被人類轉換成無窮無盡的模式和形式。這是人口與人類生態學中的物質現象，我們若能注意這些物質現象，我們可以對每一類的社會學實踐有更多更深入的瞭解。

---

*¹（譯註）以前白人統治下的南非實行種族隔離政策。黑人和白人分別住在自己的地區。白天上千萬的黑人到白人區去工作，晚上回到自己的地區時，路過區隔疆界還要受到警察搜身檢查。白人到了 1993 年才被迫把政權交還給黑人。黑人領袖曼德拉 (Nelson Mandela) 在坐了 27 年的監牢後，於 1994 年當選南非共和國第一任總統。

人類生態學

　　社會生活的核心乃是圍繞著人類、社會體系及其兩者之間的關係旋轉。但是重要的並不只是這兩者間的關係，人類與社會體系都與物質環境有關係。人類生態學乃是研究這些關係，並指出這樣的關係呈現於社會生活中的每個層次。[1]例如，美國歷史的殖民時期，典型的家庭安排總是以一個壁爐為中心，那裡是唯一的溫暖來源。這樣自然地讓所有的家庭成員，在冬天聚集在一個房間，增加互相交談、說故事等與家人一起從事的活動。自從中央空調系統發明後，屋子裡的每個房間都同樣溫暖，這樣就沒有理由讓家中每個人固定相聚在一起了。諸如此類，物質的安排形塑了每個社會互動。例如，辦公室的隔間，缺乏與天花板同高的牆，這樣的環境讓隱私成為不可能，並反映出在這種隔間工作的人，在這個組織中缺乏地位及權力。這樣的現象同時也存在家庭之中。在一個家庭中，男人比女人更常擁有自己的房間（如果這是一個讀書或工作的地方，屬於男人的可能性遠大於屬於女人的）。如同近代英國小說家維琴妮亞・吳爾芙 (Virginia Woolf) 在她的小說《自己的房間》(*A Room of One's Own*) 中所質疑的，女性作家因為不能保有一個屬於她自己的工作空

間以致無法創作，這也是爲什麼「偉大」[*2] 的作家當中，
只有少數是女性的原因之一。[2]

　　每個社會情況都可以從生態觀點切入。例如，傳統的
教室藉由將學生的椅子一律朝向前面的方式，強調老師的權
威，這樣一來，學生之間很難互動，可是學生與老師之間的
互動就容易得多。在法庭及教堂中，法官和牧師所在的位置
通常都比其他人高，透過這樣的安排，增加他／她們與其他
人的權力和地位的差距。美國的參眾議院議場陳設如同一般
大學的演講廳，領袖位於前面高起的平台，這樣的佈置顯示
參眾二院都臣服於層級高下的觀念，使得充滿戰鬥精神的爭
論幾乎不可能出現。相反的，在英國的下議院，兩個對立的
政黨就坐在彼此的對面，在相當窄小和有限的空間內，這樣
較易產生面對面質詢和辯論的可能。[3]

　　生態學也包括一些較大的環境，如鄰里、社區等。與
歐洲和拉丁美洲的都市比起來，美國的都市比較缺乏一些可
以讓居民與他人打招呼和社交的公共空間，如公園廣場或路
邊咖啡。沒有這些公共空間，就不容易維持一種社區的感
覺，也就是在一種共同的基礎上讓社區成員彼此見面感到彼

122

＊[2]（譯註）原著中「偉大」一字有括弧，就是暗指社會一般認定的「偉大」其實是
　　用男性、優勢者的標準來界定。所以「偉大」的作家多是男人、白人。

此的存在。很多社區和社會的另一種生態面相是依照不同的種族、階級、少數族群而有所隔離，這深深地影響到社會生活，使社會不平等與壓迫持續下去。[4] 外在環境的隔離使得刻板印象更容易維持，造成社區服務資源分布上的不平等，例如學校、警察提供的保護等方面，這樣的環境區隔產生了機會分布不均，它讓工人和下層階級的人民得不到較好的工作機會，這些待遇較好的工作地點通常都遠離市中心。[*3]這種居住環境區隔也形塑了一些行為模式，如犯罪的受害者大都是自己人。例如美國大部分的暴力犯罪都發生在同一族群之中，因為他們居住環境遠離其他的種族社群，所以較無機會發生在其他種族成員的身上。相似的互動情況可以解釋為什麼暴力犯罪發生在家庭中及親密關係的人之間的比率，比一般陌生人之間要高得多。

　　因此，每個我們參與的社會體系都包含了空間與地域（包括網路的網際空間），它形塑了我們如何理解他人，如何與他人互動的概念。廣義來說，社會體系也存在於它與地球和其他物種之間的關係。為了檢視這些關係，生態學家用的是生態體系 (ecosystem) 的觀念。這些生態體系是依照一個特定的空間和生活於其中的物種來定義的。這特定空間可以

123

---

*3（譯註）在美國絕大多數的都市中心 (inner city)，往往是貧民住宅集中地。在台灣則恰好相反。

依照我們想探討的範圍來定義，例如：池塘中的一滴水、田野中的一塊土地或多倫多這個城市甚至整個宇宙，都可以是一個生態體系。我們劃定空間的範圍是根據我們想要瞭解的事物而定。社會學中最重要的，莫過於瞭解人們與他人聚居生活的關係，以及人們與外在環境的關係互動所造成的結果，以及這結果是什麼，爲的是誰。

從生態學的角度來看，我們只不過是另一種生命形式。我們繁殖、使用並消耗周圍的資源來生活，然後死亡。就像很多物種一樣，我們遷移或製造東西。就如北美的馴鹿按季節遷徙，人類則爲了逃避戰爭，爲了尋找工作機會或因爲結婚而移民；鳥類築巢，而人類則建造摩天大樓。我們改變大地的能力明顯地超過其他物種，而我們在大地的位置，遠較其他物種更能造成深邃和劇烈的改變。人類成爲唯一會耕作食物、唯一會有系統的殺除敵手以獲取食物的物種。我們也運用科技，克服會造成抑制人口成長的自然條件。對其他物種來說，缺乏食物、較高死亡率和較低的出生率都會使得物種數量減少。但是大多數的人類文化都不能接受這情況，因此人類繼續繁衍並毫無節制地利用自然資源。[5] 其他物種，因爲不能應付和適應我們這樣複雜的科技，只能盡牠們所能求生存，而從牠們瀕臨絕種的速度來看，要求存活是相當艱難的。

124

在這方面，社會體系深刻地影響生態體系，但從反方向來說，生態體系形塑了文化和社會體系。人類學家同時也是文化唯物論者馬文‧哈里思 (Marvin Harris) 就曾主張，人類文化中有許多方面是在應付自然環境的物質條件中產生的。人類，事實上是在適應自然環境卻不自知。他並舉例說明，爲什麼在印度的印度教徒禁止吃牛肉。[6] 這是一個文化的習慣，但對許多西歐人而言，印度是個貧窮的國家，印度人需要各種食物，禁吃牛肉眞是非理性。

但哈里思說，事實上正好相反，這一點也不是非理性。在印度，稻米是人們的主食，而在生產稻米上，牛就扮演了非常重要的角色。稻米生長在水田之中，牛（並不像馬）爲偶蹄類動物，牠可以在水田中行走而不會陷入田裡的濕泥土中。牛糞也可以有多種用途，可以成爲燃料、成爲肥料，也可以成爲建築用的磚塊。簡單來說，牛在印度的農業經濟當中是極度有用的動物。但這些並不能解釋牛在宗教上的神聖地位。哈里思觀察到印度氣候的影響。印度的天氣會產生定期而嚴重的乾旱，並造成災情慘重的飢荒。在這個時候，農業家庭若把牛肉視爲他們糧食的最後憑藉，雖然可以解決短期的問題，但是當雨季來臨時，他們則沒有牛隻可以耕作。那要如何讓農民在飢荒的時候也不會企圖想要宰殺牛隻呢？哈里思的答案是印度藉著文化保護牛隻，因此得以維持

125

人民長久的福祉，也就是在文化上給予牛神聖的地位，使得任何信徒都不敢違背。

西歐人將這樣浪費動物蛋白質的作法視爲非理性，但是從生態學的觀點，這其實是一個有智慧、適應環境的作法。我們可以利用類似的推論方式，解釋美國大量消費牛肉的行爲。美國人開發數百萬畝的地，種植餵養牛隻的飼料，從土地利用來看，是相當沒有效率的。因爲牛吃的那些作物的營養，只有一小部分變成牛肉供人類食取。如果把同樣面積的土地用來種植，人類可以直接取用的作物（如穀物或豆類），所得到的營養會遠遠超過透過牛肉取得的營養。到目前爲止，美國能一直維持這樣浪費土地的行爲，是因爲當地的氣候讓農作物得以盛產並有剩餘。然而，印度的經驗讓人想到他們長久以來都不改變的做法，萬一有一天氣候改變了，這做法也許就會改變了。

對一個文化唯物論者而言，每一個社會體系的形塑，是來自其適應環境的物質條件。但是我們已經看到相反方向的形塑也成立。大部分的物種在食物鏈中扮演特定的角色。牠們只吃幾種食物，而且有限度地改變環境（如築巢）。但比較起來，人類社會影響環境的程度更爲廣大複雜。人類吃所有種類的食物，在許多方面，他們改變大地、空氣和水，改變之大，使得我們無從追溯，而且人類很少瞭解到他們這

樣會產生什麼樣的結果。科技不僅使我們可以灌溉農田、
建造城市、污染空氣、水和大地，更改變基因結構。有些
文化將這樣的能力視為人類的天命，認為人類是可以統治
和管理大地的，但實際上，生態體系的複雜性顯示，人類
自以為能控制很多，其實不然。人類對於環境的影響力大
於其他物種，但我們通常並不真正明白這個影響力，直到
我們看到後果。這意涵著我們很有能力對環境造成巨大危
害和損害，而且只有我們能夠防止它們的發生，只有我們
能夠拯救我們自己。

　　注意一下講述社會如何影響環境的語言。就像其他所
有的符號，「危害」和「損害」的字眼，反映出一個特定的
關於「真實」的文化觀點，就我們目前所討論的，則是「自
然界」的真實和我們與它的關係。如果說環境被「破壞」
了，通常指的是在文化價值體系中，某些被評為重要的自然
面向岌岌可危。然而這些價值，並非來自於自然界，而是來
自人類文化。生態系統本身並不會認為哪一種情況是比較有
價值的，例如，從環境的觀點來看，池塘中滿是魚並不會比
滿是海藻來的有價值。因此，大自然也不會認為人類高於其
他的物種。生物即是生命。如果我們從地球四十六億年的歷
史來看，主宰生態體系的是被人類文化定義為「低等」的生
命形式。就我們目前所知，地球的歷史中，最初的二十六億

年，並沒有出現任何生物，之後的十億年，除了簡單的細菌和海藻之外，並沒有其他的生命形式。單細胞原生動物於八億年前出現（這時地球 80% 的歷史已經渡過了），而多細胞的藍綠海藻在六億年前才出現。我們認爲的植物大約在五億年前產生，哺乳類動物於兩億年前方才出現。簡而言之，從毫無生物的狀態到我們稱爲的沼澤，這段時期占地球存在時期的絕大部分。只有在最近的過去，相對來說如一眨眼般短暫的時間，才形成我們現在所稱的「自然界」。

　　如果我們以一個長期的觀點來看，生態體系是不會被破壞或毀滅的。它們會改變形式，包括融合它們可以維持的各種形式的生命（其中也許包括或不包括人類）。它們會隨著各種不同形式生命之間的關係，和彼此相互影響的改變，而改變，也會隨著哪個生物吃哪個生物而改變。但破壞或毀壞的概念來自於有一個理想狀態的預設，這主要是文化創造出來的。即使是說「拯救」環境，我們人類容易傾向「物種自大」的心態，諷刺的是，許多人所警覺到的「破壞」環境，也正是源於這種自大。換言之，這是一種自大，自認爲我們可以有權利依照我們的慾望任意使用地球資源。這同時也是另一種自大，認爲人類有權利定義什麼才是或不是值得保存的理想環境。我們經常把人類的價值強加於非人類的世界，而且往往不自覺地如此做著。

　　這並不是說我們不需實踐這些價值，因爲作爲一個社
會成員，我們必然是按照**一些**價值來行動的，無論這些價值
是什麼。而是說，那些關心各種環境生態議題的人們和團體
之間，其實有很多相通之處，他們都面臨了相同的挑戰：也
就是瞭解他們行動的基本預設爲何。我們非常容易遺忘價值
是由文化，也就是由人自己所建構的，價值並不必然反映自
然界其他物種的需求。因爲遺忘了這樣的認識，不論在維護
環保工作、人類的優越性，或保護神聖的原始叢林，我們很
容易在言行上自以爲正義就站在我這一邊，那會使得所有的
觀點看起來都像同一鼻孔出氣，令人難以苟同。

128

生存

　　每個物種都在生態系中佔有一定的位置，生態學家將
此稱爲「區位」(niche)。[*4]「區位」就與人類在社會體系中
所擁有的地位相似。一個「區位」標示出一個物種與其他物
種以及和整個生態體系間的關係。物種在食物鏈中所佔的位
置，即牠吃哪些物種，哪些物種吃牠，是牠所在的生態環境

[*4]（譯註）經濟領域中 niche 被譯爲「利基」，指有利的基礎或位置。但在生態學
　　中，物種所在的食物鏈位置並不是絕對會產生「有利」牠的發展，因此取「區位」
　　捨「利基」。感謝王道還、紀駿傑和陳瑞麟的意見。

的重要面向，就像有些物種在土地上挖掘洞穴、或在溪流上建築堤壩，都是牠們所在的生態「區位」的重要面向。在牠們所處的生態「區位」之中，物種各自有獨特的利用環境的辦法。人類和其他物種都是一樣。例如：在漁獵採集社會中，只使用極少的技術，且並未生產任何食物。栽植社會使用樹枝在土壤中挖洞、播種的技術，在小花園中種植食物。農業社會使用犁和動物來拖曳，耕作大片的田野。工業社會較少從事直接接觸原料的工作，如從事農業、礦業、伐木業等，而多利用原料製造產品，特別是利用機器來製造。在後工業社會中主要是提供各項服務，如醫療、保險和娛樂，而不是產品的製造。

129 　　要瞭解人類用怎樣的方法生存，我們需要擴張「區位」的概念，把組織生產工作的社會關係也置入其中。也就是說，我們必須探討馬克思所謂的「生產模式」(mode of production)。在漁獵採集社會中，人類要生產物品必須依賴合作、社群集體的努力和分享。然而，在資本主義工業社會中，則是高度競爭、財富分配在多方面是不平等的。在栽植社會中，人類擁有自己的工具和其他生產工具以便生活，但在資本主義工業社會中，菁英擁有大部分的生產工具，但並不用來生產。生產活動由工人負責，並用來交換工資，他們並不能擁有或控制任何一段的生產過程。這種人與人的關係

和人與生產工具的關係，是在所有社會中一個最關鍵的生產模式。這些關係告訴我們，社會生活是如何組織而成、以及它是如何影響參與其中的人們。

既然，生產的結果是創造財富和人類所賴以維生的物品，生產是怎麼組織的，就深刻地影響人類的生活，特別是在社會不平等和壓迫的形式下。當我們從漁獵採集社會到栽植社會、從農業社會到資本主義工業社會這樣的歷史進展來觀察，有系統的不平等，是從女人附屬地位的開始才逐漸浮現和發展成的。然後才有階級和其他財富和權力不平等的模式出現，例如戰爭、侵略和帝國的產生；國家的出現；奴隸和種族主義的制度化；以及源於經濟權力不平等的現代階級體系和全球性的不平等。簡言之，這樣的制度之所以成為可能，乃是因為人類找到如何生產豐餘的食物以支持廣大的人口，讓越來越多的人不用從事種植、採集、獵取食物的工作。這樣的制度也能讓一些人，藉由他人的損失來累積自己的財富和權力。他們利用軍隊、警察、僕役，以及宗教和法律機構來維護他們的特權，其目的幾乎都是為既得利益者正當化。增加生產的結果，**未必**一定會產生這些不平等的制度，但是生產若匱乏必然產生不了這些制度。例如，在漁獵採集社會中，只有因為聲望的高下造成輕微的不平等；當人們把一些重要的工作做得很好之後，其名譽也隨之提昇。在

130

這類的社會中，不平等的情形不會發生在資產財富方面，因為他們並沒有生產足以囤積的糧食，而且，人們要生存必須依賴彼此之間一定程度的合作，所以不會鼓勵競爭和囤積。他們也必須經常四處移動搬遷以便尋找新的食物來源，所以沒必要累積資產財富並帶著四處遷移。

生產模式的改變是很重要的，因為這樣的改變，或多或少創造了一定的條件促成了其他社會變遷的發生。例如，當人們有生產剩餘物品的能力，會使得人口迅速增加，造成都市化，而且產生複雜的勞力分工。這些進而促成官僚體系的發展，以便全面掌控這些複雜的現象。在歷史上，特別是在十九世紀時，西方的官僚體系隨著資本主義工業革命而產生。但是這並不是官僚體系產生的唯一契機。例如在中國，雖然未經過工業化，但是它的政府組織已經高度官僚化了好幾個世紀之久。雖然大部分都市化的社會都已經工業化了，但是一些尚未工業化的社會，如印度、墨西哥和埃及早已面臨了都市人口過度膨脹的問題。

出生、死亡、遷移：人口與社會生活

簡單來說，既然社會體系的發生只是因為人類的參與，要瞭解社會生活的運作方式，我們必須注意有多少人參

與，人們是怎樣到達那裡，以及他們如何及何時離開那裡。
出生和遷移是兩種人類進入社會、家庭或宗教的方式，但是
遷移是進入工作和學校的唯一方式（也有一些例外，除了國
王和皇后，及古印度的種姓階級制度之外，沒有人是一生下
來就有工作可做的。）在一個系統中，人類的數量太少或太
多都必然引起問題，錯誤的人口數量在錯誤的地方和錯誤的
時間出現也會造成問題。（任何人在失業的狀況中，都會瞭
解這句話的意義。）

　　人口的數量到底多大，人口成長或銳減的速度有多
快，都是取決於出生和遷入的人口增加、死亡和移出的人口
減少，這樣簡單的增減過程。在大多數的工業社會，出生的
人數與死亡的人數差不多，人口的成長主要是經由移民。在
美國，1950 年移民的數量只占成長人口的 12%，而現今卻
已增加到 32%。雖然政府估計約有三百五十萬到四百萬的非
法移民人口，[7]但是非法移民潮增加的速度實在太快，已經
無人能估計到底每年有多少人穿過國境而來。以目前增加的
比率估算，二十一世紀初，西班牙裔將成為加州的多數人
口，這樣的現象造成激烈的辯論，考慮是否以法律控制移入
加州的移民，以及移入美國的移民。[8]在歐洲很多國家，包
括英國，法國和德國，外勞和本地工人之間的競爭已經很嚴
重，造成出現要求遣返外勞的社會運動。

132

在非工業化的社會中,也就是世界大多數國家,人口成長的原因是因為出生人數超過死亡人數。在 1990 年代末期,各地人口的增長率呈現很大的差異,阿富汗及伊朗的成長率超過 3%,在德國及俄羅斯則呈現負成長。[9] 3% 看起來是一個很小的數字,但以複利方式計算,則不可小看。在 3% 的增加率之下,人口大約在第 23 年左右會增加到現在的兩倍,並在第 46 年的時候會增加到現有的四倍,到第 69 年的時候就增加到**八倍**,而 69 年還比一個人的壽命來得短。世界人口目前是以每年 1.5% 的速率在成長,意即將在西元 2030 年地球人口比目前約六十億的全球人口還要膨脹兩倍。

人口影響到各種社會體系,小至家庭,大至世界經濟。例如,新家戶和新家庭先是經由「遷移」而產生的:人們經由結婚,或其他理由決定搬進來一起住。在某些文化當中,要求丈夫搬到距離妻子家族較近的地方去住,在其他文化則正好相反。在後者,婚姻更加強了妻子在婚姻關係中早已有的從屬地位,因為她必須遠離那些能夠支援她的親人。但是,在前者,丈夫的支配權則因為移近妻子的家族而減弱。在夫妻可以自行決定居住地的社會中,主要的問題可能是缺乏與任何一個家庭的接觸,或無法獲得任何家族的支援,這種孤立正是現代核心家庭的特質。

這種新型態的家戶,以兩人為基礎。相形之下,兩個

人是較爲簡單且容易管理的人數。最佳的說明方式就是，想像在其中多加一人，使其成爲三個人的狀況下，會發生怎樣的變化。如果增加的是嬰兒，會造成家庭中角色地位急遽的改變，他的增加讓家庭中產生許多新的身分（母親、父親、兒子、女兒等），但從人口的觀點來看，還有其他的現象隨之而生。三個人的話，就可能產生「結盟」：兩個人可以結成一夥、對抗另一個人，兩個人可以排斥第三個人。在兩個人的狀況下，任何一個人都不可能覺得被排斥，因爲沒有一個人可以創造一個關係去排斥另一個人。但在三個人的狀況下，兩個人可以在大團體下形成一個次團體。若增加第四個成員，就有可能產生兩個次團體。例如父母一個團體與子女一個團體，就會有兩個聯盟形塑權力的分配。理論上，子女間可以聯合在一起對抗父母的權力，但實際上，其中一個小孩反而可能會和父或母，或者父母兩人聯合，以獲得應付另一個小孩或父母其中一人的權力。無論在結構上如何變化，可能性隨人數而定。

　　隨家庭成員年齡的增加，成員開始重塑家庭的文化與結構。例如：家庭中每個人都長大了，年齡結構呈現老化，進而深刻地影響家庭運作的狀況。當子女獨立自主後，父母失去對他／她們的掌控權力，每個人的角色期望也隨之不同。當子女離家出去念大學、工作、或自己建立一個新家庭

的時候，家庭的權力結構則有明顯的改變，若子女在經濟上仍舊依賴父母，現有的權力關係就暫時維持一段時間。事實上，許多年輕成年的子女之所以嚮往搬離家庭一個人到外面生活，其中一個主要的理由在於他們想要脫離父母的權威。

134　身體的分離，促使溝通方式和角色結構改變，造成父母的「空巢期」，這狀況可以是解脫也可以是憂愁。當子女自己形成他們的家庭，新成員加入親族的網絡，這不但會增加整個家族的人口，並會讓整個家庭中的結構和文化特質更形複雜。當人生到了終點，死亡帶來的不僅是失落和憂傷，也牽動了家庭的結構和文化。當我們父母去世的時候，我們赫然發現在這個家庭中自己成為真正的「成年人」，因為再也沒有人會成為我們觀摩或類比的對象。這是改變人在家庭中所占「份量」的一刻，等到我們承接了責任之後，我們甚至無法想像若我們雙親依然活著的情況會是什麼。

　　上述所有的改變都源自於一個簡單的事實：家庭生活的展現主要是藉由家庭人口的變動來決定：人數的增加減少、年齡的增長和與其他人關係的變動。社會甚至整個世界，也是如此。這揭露出在出生與死亡的模式中，每分每秒的出生和死亡是如何與這個社會體系息息相關。雖然每個人終究免不了一死，但我們所處的身分，會影響我們的壽命長短以及我們可能的死因。男性比起女性來說，較可能在任何

年紀死亡，也更容易死於各種狀況。其中有許多無疑是生物因素造成的，男性也比女性可能在未出生前就胎死腹中。但有更多是因為兩性在社會中的角色地位差異以致造成兩性在死亡的不同。男性比女性更容易死於他殺、自殺和意外，而癌症、心臟病等與生理相關的死因，也與生活習慣有關。男性比女性更常從事危險職業，冒著身體受傷的危險，也較常採取有侵略性的行為。當他們覺得不舒服，也不會像女性比較常去看醫生，*[5] 這表示男性很少能夠即時覺察到有生命危險的症狀，即時進行治療。男性同時也是香菸、酒精類、毒品上癮的主要使用群。[10]

　　臨終和死亡與社會階級和種族之間有非常強的結構連結。那些比較富有的人們，都會形容自己健康狀況很好，那些擁有教育成就和職業聲望的人也會容易有較健康的身體。[11] 在最高教育水準和最高收入的階層中每個年齡層的死亡率都最低。與白人比較，美國黑人的死亡率要高出 60%，黑人嬰兒死亡率更是白人的兩倍高，平均壽命比白人短了七年。黑人男性死於他殺人數的比例是白人男性的八倍，黑人女性死於被謀殺人數的比例則是白人女性的五倍。在各項主要死因

135

---

*[5]（譯註）女人在很多時候去看醫生，主要是為了陪伴小孩、老人或親友去看醫生，順便自己也看一看。台灣目前尚無這方面的研究結果。但是基本上男女去看醫師的頻率和對自己身體健康的認知是有差別的。

中，自殺是唯一黑人比例比白人爲低的一項。[12][*6]

　　這些數據都不能告訴我們一個美國人參與美國社會會發生什麼事情，但是它們確實呈現了我們處於不同的社會位置，會有不同機會面對「阻力最小的路」。這並不是說，我是白人男性所以我最後一定會自殺，但這表示我所面臨的生活環境比一個白人女性或黑人更容易造成自殺。這也顯示了如果我是一個黑人，我所身處的環境比起我身爲白人所處的生活環境更容易被謀殺。而且，因爲我是一個中產階級，所以我較能避免從事危險的職業，像伐木、開貨車、採礦、在建築工地工作或暴露在致癌的化學物質或其他威脅我健康的有毒物質之下。我也比較不會吸煙或酒精濫用，並擁有健康保險，而且較有管道獲得一定品質的醫療照顧。

　　如果我們從個人的觀點來看待這些人與人之間的差異性，我們會得出這樣的結論：這些都只不過是個人選擇的結果。例如，我選擇不抽煙，所以其他人也能作出和我相同的選擇。但若以基本的社會學原則來看這個事實：所有的選擇都會受到我們參與的社會體系的影響。這些體系是什麼？生活在這體系中的人們與體系的關係又是什麼？不同的體系及

[*6]（譯註）台灣山地鄉男性的死亡率是台灣其他地區男性的二倍多；山地鄉男性死亡人口在自殺、肝硬化死亡率方面是台灣地區同齡男性人口的八倍左右。見胡幼慧（1991/1995）《社會流行病學》，台北：巨流，83-84 頁。

社會關係，為生活在其中的人們提供種種「阻力最小的路」，會有什麼不同？在我所住的中產階級住宅區內，看不到任何光鮮亮麗的香菸廣告板，但多年來，在美國城市內的住宅社區裡，香煙製造商鎖定勞工階級和下層階級的美國黑人，以密集的廣告將抽煙包裝成一種體面風光而且具吸引力的行為，讓他們以為即使生活貧困，也可以獲得「愉悅」。那麼，「抽煙或不抽煙」哪一種行為容易追隨？在某種程度上，需視你住在哪裡、而你所居住的環境一定受到階級和種族的影響。

人口及全景

　　若我們以社會或整個世界的觀點來看人口問題，我們很容易看到一方面是社會的需求與資源，另一方面是人口規模及成長，兩者之間出現嚴重的落差，而且這落差還在繼續惡化中。世界上最貧窮的 15 個國家，住著約世界一半的人口；世界 80%人口聚集的國家，他們的年收入還占不到全球年所得的 1/4。近年來，許多國家的國民平均所得已經下降，部分地區還不斷發生饑荒，這幾乎已成為長期生活的現象。[13]

　　一般認為富國和貧國之間的差距，是因為兩者在出生

137

率與人口成長的差異所致。這種說法認爲，人口眾多的國家，如印度、中國、墨西哥，和許多非洲國家，就是因爲他們的人口成長過於快速，以致一些生活的基本需求和資源，如食物、飲用水的供應缺乏。墨西哥的人口每年以 2.2% 的速率成長，它的經濟每年成長率也必須是 2.2% 才得以維持基本需求，而沒有剩餘的資源去提昇生活水準。[14]要達到每年 2.2% 的經濟成長率並不容易，所以這種人口成長率偏高的情形，對於世界上大部分的人們來說，代表著持續的物質匱乏和悲慘生活。雪上加霜的是，高出生率使得兒童在全人口中所佔比率偏高。因爲兒童不具生產力、並享用資源，這些資源原本是可以投資在經濟成長上的。再加上，很多爲了逃離鄉間貧困的無技術工人移入大城市，如墨西哥市和孟買市，使原本已擁擠不堪的城市更是人滿爲患。這些移民生活在衛生環境惡劣、沒有足夠飲水、沒有工作，以及沒有住房的慘境下。

138　　　　這些國家的慘狀，使得我們容易相信人口是社會生活的重要決定因素，但實際上並沒有這麼簡單。當我們稱「人口過剩」，並不只是指因爲過多的人口數造成資源不足的狀況。資源也可能**因為**分配給某些人過多，給其他人過少而造成不足。例如，中國佔有世界人口的 21%，但每年只消耗全球 10% 的能源，相較之下，美國只佔世界人口的 5%，但消

耗了全球 26% 的能源。[15] 因此，到底世界上是哪個國家把人口的重擔放在全球的肩膀上？是哪個國家最能顯現人口和資源配合不當的問題？是擁有 10 億人口，但消耗極少量能源的中國？還是只占中國人口的 1/4，卻享有五倍能源的美國？或者兩者都可視爲人口與資源配合不當？

　　若我們將整個世界視爲一個社會體系，我們可以問的問題是：人口的變動是如何經由資源與財富的分配，影響到不同社會之間結構上的不平等。這也許只是因爲財富不足以分配，但也可能是因爲，雖然原本擁有足夠分配的財富，但卻因爲世界體系阻止了財富流通，而這個世界體系卻把極大的經濟及政治權力集中交給少數國家，由一小群住在那些國家裡的人使用。誠然，人口成長和人口的多少在實際上有一些限制。人類這物種，無論在社會中和在世界上都不應該忽視自然法則對物種數量多少的限制。但同樣明顯的是，富有國家不能一直假裝辯稱，人口過剩是唯一或主要造成非工業化社會面臨困境的原因，以爲要解決那些國家千萬人的悲慘生活，只要簡單地減少人口數量就可以達成目標。若我們把這個原則，即我們總是參與在一個比我們個人還要大的體系中，應用在國與國之間，我們可以發現，富有的工業社會與普遍貧困的社會兩者是息息相關的，運用社會學的觀點切入，是瞭解這個現象如何發生以及爲什麼重要的一個有力途徑。

139

複雜的社會／簡單的架構

社會生活是無限複雜的，但我們用以觀察及描述的工具卻並不是那麼複雜。在很多方面都可以看出這個事實。地球上有千百萬種的生命形式，這些生命相互關連和相互影響的方式，也是非常複雜的，但生物學上的基本概念及工具卻很簡單。我們不需要掌握所有生命的細節來瞭解這個複雜的生命，也不需要掌握所有細節才能探索和理解我們所感興趣的片段。

社會學的實踐有一個既簡單又清楚的門路，亦即掌握社會學的一個基本原則：我們參與一個比我們本身更大的體系，即社會體系；每個體系又參與一個比**它本身**更大的體系。要瞭解社會生活如何開展起來，我們必須先瞭解體系間是如何連結在一起、如何運作、而個人是如何選擇從某一時段到另一時段參與其中。因為一個體系只有人們參與才會發展，也因為個人生活的開展完全與體系相扣連，個人與體系間的連結因此是密切互動的。沒有任何事物是不變的，即使表面上看起來沒有變化。我們永遠經由參與而創造或再創造體系，體系的文化、結構模式、生態安排和人口變遷，莫不如此。尤其重要的，當我們與他人在某一體系或另一個體系中互動，**我們**總是不斷地被創造和被再創造，以成為社會成

員。這一切都會產生很多結果：從我們的性格、大眾文化、街坊鄰居和社區的特質，以迄社會壓迫，甚至於全球經濟，都會受到影響。

　　一旦我們進入了社會學的大門，我們可以有許多角度切入分析。我們可以從鉅視的角度，瞭解體系如何運作和其產生的後果；我們也可以從一個個人怎麼參與體系的角度出發（見後面的章節），或許我們也可以用各種方式綜合這兩種觀點。無論我們採取何種角度切入，我們採取的社會學實踐的基本架構，將時時提醒我們，這個研究的內涵及我們的生活的內涵為何。

我們、它和社會互動

5

The Forest and the Trees

見樹又見林

141　　前三章都在討論我們參與的那些「大於我們的事物」，現在該進一步討論「我們」和我們所參與的這些體系是怎麼回事了。沒有我們的參與，社會體系無從發生；而更重要的是，沒有社會體系，我們也不復存在。從一方面看來，雖然社會體系為我們鋪了許多阻力最小的路，但是我們仍然是那個理解、解釋和選擇走哪條路的人。透過我們的選擇，社會體系對社會生活的形塑力量才得以被看見、才得以展現。但另一方面來說，雖然我們是以思考的、行動的個體活著，然而我們思想的組成元素以及我們行動所具有的意涵，唯有在與文化和社會結構有關連時才有意義。

自我：參與的我們

　　我的一位朋友在最近一次交談結束時對我說：「保重自己！(take care of yourself)」當我回到這本書的寫作工作
142　時，我開始困惑他這句話的意思究竟是什麼。我應該去保重的「自己 (self)」究竟是誰或是什麼東西？那個負責照顧的「我 (I)」和該去保重的「自己」有何區別？我可以摸到、聽到或聞到我「自己」嗎？我能理解我的身體，知道身體是什麼，但是我的自我卻不只是我的身體。這是為什麼像史金納 (B.F. Skinner) 這些行為心理學家對研究自我不感興趣的原

因：因為自我無法以科學的方式觀察。[1]然而，我們又覺得自我是真實的事物，自我要為我們的所作所為負責。當我們的「身體」做錯了，譬如我的手拿了不屬於我的東西；雖然這個行為是我的身體做的，但是沒有人會責怪我的身體。雖然這個行為是我的腦袋下令身體去做的，但是也沒有人會怪我的腦袋（你這個「壞腦袋」！）他們責怪的是我的「自我」（「你應該為你自己感到羞愧！」）究竟他們所指責的那個應當羞愧的我的自我是什麼？可以在哪裡找到它？這些都是令人費解的問題。因為自我是我們認知自身存在最重要的一個**概念**。[2]因為我們不僅把它當作概念而已：我們視自我如其他看得見也摸得著的事物般真實。

自我如此重要的原因之一是自我指出我們和其他人、以及我們和社會體系的關連。要回答「我是誰？」這個問題，答案之一是「Allan Griswold Johnson」。就像橡樹或香蕉的命名一樣，我的名字這三個字也傳達了類似的目的。在我的文化裡，從這個名字可以看出我是男性（Allan 是男性的名字），而不是女性。從名字可以把我和其他人區別開來，姓氏則標示我的親屬關係——Griswold 是我母系家族的姓氏、Johnson 是我父系家族的姓氏。一個人的姓名，以及這個姓名所代表的自我，存在的目的就是要標示出我們和他人的**關係**。取名字的唯一動機就是為了參與社會生活，這也

143　是爲什麼我們要發展普遍的自我概念和分殊的群體自我概念 (self in general and ourselves in particular) 的緣故。

就像哲學家兼社會學家米德 (George Herbert Mead) 所認爲的：我們在孩提之時發現「自我」的過程，是透過發現他人以及他們對自己和對我們的概念而來。[3] 嬰兒通常以自我中心的方式經驗世界，他們不能區辨世界和自己兩者的差別；對他們來說，所有事物都是以他們爲中心的一個大「整體」。因此嬰兒無法認知他人是獨立存在的、有思有感的個體。當我還是一個嬰兒時，我無法想像母親有自己的觀點，包括她是如何以自己的觀點看待我。我看不出她對她自己和我、我和她、或其他的事物，她都有自己的想法。雖然我能感覺到母親的身體和言行，但是我不知道在這些身體和言行之下，她有自己的概念：她會想她是誰、我是誰、如何當一個好母親、她希望我長成什麼樣的男人、晚餐煮什麼等等；我對這些一無所知。如果我不能想像她對自己和世界有自己的觀點，那麼我也無法想像我對事物有自己的觀點。對還是嬰兒的我來說，我只是以事物**存在的方式**去聽去感覺，並不能理解我和事物的關連，也不知道該如何解釋它們。我就像個棒球主審，既不是信心滿滿地說「那是個好球，所以我判它好球」，也不是說「我看那是好球，我就判好球」，反而說：「我沒叫它**是**好球之前，它就**不是**好球」。

因為我無法有自我的**思考**自己是什麼，無法想像
「Allan」是怎麼開始存在的，所以我也無法意識到我對事物
有自己的觀點。米德提出我們是透過發現他人的內心世界，
而學會思索自我的。我們認知到其他人以特定的方式思考我
們、理解我們、對我們有所企求、有所感覺、與我們無關地
生活著。這些認知最初發生於當人們使用語言談論自己、談
論我們、談論任何**他們**經驗到的真實的時候。語言是連結自
我經驗和他人經驗的橋樑。所以，當我感到飢餓，我的身體
可能因為飢腸轆轆得難受而使我哭起來，一直到有人來餵我
吃東西為止。但是當某人使用語言，以「我很餓」表達這種
飢腸轆轆的經驗，我就可以設身處地想像他們的感覺。沒有
語言的話，自我就顯得看不見、感覺不著，兒童也無法建構
出他們自己關於自我的概念。透過語言，藉由發現其他人如
何經驗自我，我們發現人類自我的**可能性**。我們開始意識到
自己的觀點，原先我們以為「事情就是這樣」的事實，其實
只是一種觀點。

　　一旦我們意識到這一點，我們就可以建構出各式各樣
組成自我的概念。因為這些概念是**關於**自我的，所以我們就
像思考其他人一樣，使用概念來思考自我。（譬如：「如何
做自己最好的朋友？」）我們可以談論自我、對自我有感
覺，評量和判斷它、相信或不相信它、捍衛或譴責它、責難

144

或讚美它、爲之驕傲或爲之羞愧、掌握自我、否認自我
（「我今天不像自己！」）、迷失自我、意識到自我（「自我意
識」）、試圖接受、瞭解或「克服」自我。我們的言行可以影
響其他人對我的觀感，進而影響到他們對待我的方式。我們
可以深陷矛盾而不自知地自以爲我們是獨一無二、遺世獨立
的，可是其實連「獨一無二」這個想法，都是我們生存世界
所產生的文化概念；唯有在與他人的自我有所關連時，自我
才得以存在。無怪乎我們最愉快的經驗之一是某人「相信」
了我們，而最大的危機就是連自己都「不再相信自己」，感
到迷失、失去任何可依循的方向。不過，請注意：這種自我
迷失感究竟是不是一種危機，要看我們所處的文化而定。在
很多亞洲文化裡，認爲自己是獨特的、不同於眾的這種自我
概念既不是社會生活中既有的概念，也不是一種理想。以傳
統日本文化爲例，喪失對社會整體的依附感、陷入個人主義
的不確定狀態，反而才是更嚴重的危機。

　　爲了以自我的身分參與社會體系，我們必須找出自我
和體系的關係，理解自我和社會體系如何相關、在什麼地方
產生關連，以及我們在體系中的位置又如何回映了我們對
「自己是誰」的感受。大多數人並不知道我朋友說「保重自
己」這句話裡的「自己」是個什麼人。人們對我的認識來自
於我所屬的身分和這些身分所包含的各種角色。在我們剛出

生時，人們只能用性別、種族、年齡和家庭身分等少數身分
來認識我們，因為我們還沒有太多可供辨識的身分。當我們
漸漸長大成人，所屬的身分愈來愈多；我們透過這些多樣的
身分，累積社會認同，並以這些身分找出自己在社會體系中
的位置、自己和他人的關係定位。就像高夫曼 (Erving
Goffman) 所說的，當我們擁有某個身分時，隨之而來的角
色提供我們一個現成的「自我」，這個現成的角色就是一條
最容易讓他人接納自己的最小阻力的路。⁴就這層意義來
說，大多數人對我們真正是怎樣的人所知極為有限。他們
「認識」的多半都是由一些社會身分「典型」所組成的文化
意象──典型的女孩、典型的學生、典型的律師、典型的企
業經理。在社會空間裡，「我們是誰」並不具有絕對、客觀
的意義；人們**認為**我們是誰，我們就是誰。即使與我們沒有
任何直接接觸、對我們仍一無所知，人們就已經從文化概念
中建構出一個我們是誰的真實 (reality) 了。多數人對於我所
經驗的自我，那個「真正的我」一無所知。但是任何認為他
瞭解作為父親、男人、異性戀、白人、作家、兄弟、丈夫、
大學教授、嬰兒潮世代、中產階級，還有家裡養了些狗、羊
和一條蛇，這些我所具有的社會身分屬性是怎麼一回事的
人，可能也覺得他相當知道我是怎麼樣的一個人。其實，他
們真正認識的是我的各種身分所提供的阻力最小的路，以及

146

我相當可能照著這條路走的事實。雖然，我可能選擇阻力比較大、比較不好走的路，但是除非人們親眼看到我如何以不同於典型角色道路的方式參與社會生活，否則他們不可能預料到這一點。

透過角色關係來認識我們的不只是一般人，我們自己主要也是以這種方式來認識自己。回想一下之前講過米德的概念，我們透過發現他人來發現自我。果真如此的話，那麼接著我們對自己的理解、評量和感覺，也無一不受到我們所具有的身分位置的影響。我們是依賴外在於自我的資訊，去建構自我的概念和感覺的。

這些外在的資訊來源主要是以兩種「他人」的形式存在。一種是對我而言的重要他人 (significant others)；重要他人是特定的人，他們像鏡子一般，反映出我們的形象，而這些形象也成為我們認知自己是誰的一部份。[5] 在此，「對我而言重要」(significant) 並不意味他／她是「重要的」(important)，而是他／她是「特定個人」(specific)。如果某人在參加我的多元訓練團體 (diversity training groups) 後，跑來告訴我他覺得我做得很棒（或者爛透了），他就變成我的重要他人；因為這個資訊是以他這個個人的身分傳達給我的。他也提供我一個反省自我的機會，我可能或可能沒有把這個資訊納入我是誰的意義中。這就是「鏡中之我」

(looking-glass self)：我視他爲一面鏡子，鏡中反映出我**想**他是怎麼想我的（和他實際怎麼想我，可能吻合，也可能有一些出入）。[6]

在生命初期，大部份對自我的資訊都是來自於家庭成員和玩伴這些重要他人。日後我們漸漸透過複雜的社會化過程而發展到能夠理解所謂的「一般他人」[*1] (generalized other)。[7] 一般他人不是特定的個人或團體，而是我們的**觀念**，用觀念想像**一般**人們會怎麼看待某個社會情境和該情境裡所屬的不同身分的人。譬如當我因爲背痛而求助於我的物理治療師時，我是和我認識的某人以個人的身分互動。我知道她的期望是什麼、她是一個什麼樣的人、她怎麼做事情。這些讓她成爲我的重要他人。然而，當我第一次找她做治療時，對她這個人，我只知道她的姓名、性別、種族、大約的年齡和職業。那時的我怎麼知道與她相處時應該如何應對進退？她又怎麼知道如何和我來往互動？因爲兩人彼此不識，我們必須依賴物理治療師和病人之間應該如何的文化概念來互動。在我們成爲對方的重要他人之前，我們所知道的只有一般他人；這些一般他人的文化概念讓我們將某些概念結合，以便理解當時的**情境**以及在該情境裡，我們分別是什麼

[*1]（譯註）部分社會學書籍則將之譯爲「概化他人」。

人。剛開始，除了我們所屬的身分和身分間的社會關係外，我們對彼此一無所知。換句話說，我們只以一般他人的身分認識「他人」。

148　　對小孩來說，理解一般他人的概念是相當困難的，因為它太抽象了！一般他人是對身分擁有者的一組概念。我們透過重要他人的一言一行而理解到他們對我們的期望。小孩很快就知道別人希望他做什麼，但是要區辨我的母親這個特定的女人，和一般概念下的「母親」有什麼不同，需要高度的認知能力；這唯有當小孩愈成熟後，才能發展出這種能力。

　　構成一般他人的概念是文化性的，這使我們認定我們和他人共同分享一般他人的意義。基於此，我們也認定當人們獲悉我們在某些情境中所屬的身分時，他會以某種方式理解、解釋和評量我們。這是為什麼男女同志會小心不要對異性戀者暴露出他們的性傾向，而異性戀者卻不覺得「暴露」自己的性傾向有什麼不安。因為異性戀者在說出自己的性傾向時，並沒有「暴露」什麼；說自己是異性戀，幾乎沒有「出櫃」或「承認」的意味。這是為什麼我們在公共場合的穿著很重要，因為我們的衣著選擇影響了他人對於我們是什麼人的想法。這是為什麼種族主義、性別主義、體智能歧視（ableism，身體上較優勢的人歧視身體上較弱勢的人）猖獗的原因。人們只看我們的外表，就認為他們知道我們所屬的

身分；結果則是輕易用概念聯想我們是什麼人、我們能做什麼和不能做什麼、以及我們有多少價值。就這層意義而言，我們必須擴大第二章中介紹的概念，我們不只以文化的意義建構眞實，因爲眞實不論就身分、角色和一般他人而言，也全都受到結構的影響。

　　因爲身分和角色是社會體系的要素，所以，不管對我們或對他人而言，我們是誰，不在於自己本身，而是由我們對社會體系的參與以及學習如何參與的社會化過程來決定的。這使「瞭解自己」不僅限於心理學的關心領域，也成爲社會學實踐的基本範疇。身分和角色將我們與社會世界連結，使我們的生活與他人的生活交錯重疊，讓我們在社會空間裡找到定位、認同、得以安身立命。沒有了身分和角色，從社會意義上來說，我們就不存在了，我們所認知和經驗的自我或生活，也所剩無幾了。這對活在高度崇尚個人自主、強調個人特殊性的文化裡的人來說，可能是一個十分令人不舒服的概念。但是事實上，它並不減低我們作爲人的價值；它僅僅意味著我們的存在超越了個體的範圍，個體既不是一切事物的開端，也不是其終點。就連那些反社會的叛逆份子和反對偶像崇拜者也不例外，他們的自我感受和生活也都和那個大於自我的、被他們所反對的社會相關連。而且，在這些社會裡，他們也仍擁有一些可供辨識的身分，像是「叛逆

149

份子」和「反對偶像崇拜者」。譬如，在大部份的美國高中和大學裡，都有少數特立獨行的人，他們公開拒絕遵從任何既定的模式而行，而這反而使他們的行為符合了某種文化模式。

這並不表示我們除了身分和角色之外，就沒有別的了。我們除了可以有創意地選擇如何參與各種社會體系之外，還有各種有關人類存在經驗的原始謎團，都是超越社會建構的。雖然每個文化對人類存在的謎團和對文化本身，都有該文化自己的**概念**；然而我們最多能做的就是在這些文化的概念基礎上，做第二手、或第三手的建構真實。只有在罕見的時刻，我們才能掙脫外在文化，比較直接地經驗生死的奧秘。然而，這就足夠提醒我們，無論我們怎樣建構社會生活和自我的意義，其下仍是層層的謎團。我們不是機器，社會體系也不是機器。我們和社會體系都遠比機器更複雜、更難以理解、也更有趣多了。

150

體系裡的自我

我們如何參與體系的關鍵在於社會互動這個概念，而社會互動的關鍵則在於行動 (action) 和舉止 (behavior) 的區別。我們所作所為的一切都是行為，但是只有某些舉止足以

稱之爲行動。譬如，嬰兒學走的第一步，是舉止而非行動。
然而，小孩爲了回應大人喊「來這邊！」的呼喚，而走過房
間，就同時既是舉止又是行動。這兩者有什麼差別呢？在第
一個例子裡，嬰兒學步的舉止沒有涉及小孩的詮釋；小孩沒
有考慮她所做所爲（或不做）的意義，以及其他人會如何理
解和詮釋她的舉止。嬰兒不去考慮她的舉止的意義，或是思
考他人對她有什麼期望、對她的舉止有什麼看法，乃是因爲
嬰兒缺乏思考所必要的語言和抽象的文化概念。在第二個例
子裡，小孩能夠使用語言去預測她的舉止對旁人具有什麼意
義，並且在考慮其意義以後決定她要怎麼做。她可以想像其
他的選擇，以及每個選擇最可能引發的回應。簡言之，有意
義基礎的舉止就是行動；而行動則是我們與他人互動、參與
社會體系和社會生活的基石。

　　就個人的層次而言，社會互動固然說明了體系如何發
生，但也展現了我們如何以社會個體 (social beings) 存在。
正如 高夫曼在他晚年幾本迷人的書裡使用的概念：我們就
像舞臺上的演員。[8] 每個社會情境都有它的道具和佈景、都
有腳本和即興演出的機會。每場演出都有觀眾；只不過在社
會生活裡，我們除了是演員外，同時也是其他人的觀眾。我
們使用各種技巧讓演出看起來像眞的一樣、使我們所扮演的
角色值回票價，並且具有足夠的說服力使他人以我們在該情

151

境所扮演的角色接受我們。所以，我們通常致力於讓自己像
扮演的角色、穿對衣服、對情境有正確的態度、知道該說的
台詞、準備好恰當的道具。就像演員，我們製造出我們是什
麼人的印象；高夫曼稱之為「自我的表演」(the presentation
of self)。就像每個印象一樣，自我的表演是一個不間斷的過
程；它需要維持和經營，特別是當我們「沒有照著角色
來」，或是當某人質疑我們的表演的時候，自我的表演更需
要維持和經營。

　　譬如，當兩個人外出約會的時候，兩個人都花時間製
造出他們想呈現給對方看的自我──穿哪件衣服？要不要先
洗澡或噴一點除臭劑、香水？該梳哪種髮型？戴哪些首飾？
化什麼樣的妝？每個行為都影響到他們所創造出來的形象
──說些什麼話？怎麼說的？在餐廳裡點了些什麼菜？吃相
如何？凝視對方的時間、時機和方式如何？什麼事會讓他們
發笑？什麼事不會？傾訴和傾聽的分寸該如何拿捏？是否與
對方有身體接觸？身體接觸的時機和方式又如何？告別後，
雙方可能都會想知道自己給對方留下什麼印象：言行有沒有
被誤解之處？有沒有暗示了一些不是自己或自己不想呈現的
一面？就像台前的演員一樣，落幕時他們等待著觀眾回應、
等待著任何能讓他們知道自己表現如何的訊息，譬如像觀眾
掌聲的大小長短。在約會的例子裡，我們可以根據一些訊息

152

來判斷自己營造的印象成不成功：有沒有晚安吻別、對方有
沒有說「我玩得很愉快」、以眞誠或只是禮貌的態度說「我
會再打電話給你」（然而，這些態度表現本身也是一種營造
印象的方式）。

　　社會生活裡的演員和觀眾，在演出的時候，都希望每
件事都像預期的那樣發生；因爲如果不照腳本演出，可能會
危及我們能否有效扮演自己角色的能力。甚至連觀看他人表
演的觀眾，也不僅是觀眾而已，觀眾也有自己的角色要扮
演。這是爲什麼當舞台上的演員忘了詞，或是因爲其他緣故
而把演出弄砸了的時候，觀眾通常也會坐立難安的緣故。
「目擊別人的失敗演出」的角色並不好演，光只是我們當個
觀眾坐在那兒，目睹一切發生的這件事本身，就會讓演員更
加痛苦。我們成爲演員失敗的一部份，因爲如果我們沒有目
睹一切發生──如果沒有半個觀眾在看的話──演員的失敗
就不存在了。所以身爲觀眾的我們也盡量配合，以避免演員
演出失敗。我們努力不去注意演員的忘詞、絆跤、短暫的失
誤、僵硬的姿態；我們裝作若無其事，使表演可以如預期地
進行下去，讓「舞臺上」的演員可以「重新如常演出」。這
麼做，我們不但保護了演員和我們自己，還同時維護了我們
共同參與的這場「表演」的完整性。不論是當演員或觀眾，
我們都有要經營的印象。

　　當然，身為一個演員可以做很多事情來保護自己的演出。我們可以用不認帳的方式來面對失常的演出，像是說「我今天一點也不像我自己」、「我只是開個玩笑罷了」、「我不是這個意思」或是「我不知道中了什麼邪」等等。某名男子可能說了一些有性別歧視意味的話，接著他又辯說**他**其實不是個歧視女性的人，用這句話來區隔原來脫口而出的性別歧視言論。就像高夫曼所指出的，他可能產生的尷尬反應使人們知道雖然他這次表演失敗，但是他會盡力在下次演出時改善。[9]他的臉紅和尷尬顯示他看重人們對他的期待；這種反應表現使他還能保有在這齣戲裡的角色，繼續演出。

　　這種將社會生活視為劇院的說法，很容易讓人懷疑我們到底有沒有一個真正的社會自我？整個世界難道只是一場彼此裝模作樣、虛情假意的遊戲，大家都只是在算計如何製造最佳印象、保護自己的演出成功、扮演別人的觀眾？「角色」這個概念本身推到極致，似乎就否定了真正自我存在的可能性。彷彿製造某些印象、讓表演被接受就意味著作假和戴面具，隱藏了「真正的」自我。然而，我們是誰和我們如何參與社會生活，這兩者的分界並不像這種說法聽起來那樣涇渭分明。在生活中，只是揣摩角色而演出的話，必定會惹來各式各樣的麻煩。舉例來說，如果我們裝出一副我們的角色行為和我們「真正」是誰沒有關連的模樣，那麼我們不只

在閃躲為我們的角色負責，甚至也不願為我們的戲份負責。高夫曼卻認為我們始終都在做我們自己，即使我們不見得能夠自在坦然地承認自己在扮演的事實，也不喜歡承認自己用表演來影響他人對我們的觀感。如果我一直在扮演一個與我所認為的我相矛盾的角色，那麼扮演那個角色的人也仍然是我，而且這個我，和那個拒絕承認這是「真實的我」的我，兩者都是一樣真實的「我」。如果我「偽裝」，並以某種不讓人家知道我「真正」感覺如何的方式行動的話，那個決定偽裝自己、在舉手投足之間創造特定印象的人，仍然是我。不管表演的內容為何，那都是我在表演的；如果演出有任何不真實之處，那是因為我沒有理解到上述的簡單道理，是因為我否認我和我的表演所帶來的後果之間有任何關連。因此，有沒有真實自我的問題不在於我們表演或經營印象，而是在於我們不接受、不承認我們的行動是**我們**是誰的一部份。問題不在於我們扮演的角色太多，可能使我們的演出前後矛盾或是荒腔走板；而是我們沒有辦法不斷意識到我們的自我和我們所參與的社會生活之間的高度複雜性，進而整合我們的各種角色。

154

　　沒有這層體會，會使我們因為無知而參與那些會結惡果的社會體系；同時，我們也會劃地自限，不企圖改變這些惡行。譬如，當白種人做了一些種族歧視的舉動時，他們通

常急於否認自己是種族歧視者。他們會說：「我不是這個意思」、「我失言了」、或是「[以上發言]我說錯了，很抱歉」。他們幾乎不可能明白坦承，「我想這世界的種族歧視無孔不入地滲透到我們的生活中，包括我也難免有種族歧視，我最好回頭反省一下，看看我的種族歧視心態對我造成了什麼影響。」就經營印象而言，所有企圖自我防衛的言語可能都是真的：他們並不**打算**做出任何會傷害到某些人或給人家有種族歧視印象的言行。但是這不是重點，重點是社會行動裡充斥著種族歧視的內容，而且如果人們選擇──無論是有意識或無意識地──展現種族歧視言行，這就意味著他們所參與的社會體系**以及**身為參與者的他們是存在種族歧視的。在一個種族歧視的社會裡，反映和強化白人優勢的言行乃是阻力最小的路；在這樣的社會中，個人的種族歧視言行反映出來的，與其說是個人的選擇，不如說是社會的整體處境更來得貼切。然而，與社會提供給我們的這些平順道路相對照之下，我們選擇走什麼樣的路，則彰顯了相對於他人我們是誰。如果我們看不到這一點，我們就既無法改變這些既定的路，也無力改善我們自身。

155

在演練社會學時，人與體系的關係是少數極重要卻又難以理解的事物。在個人主義的社會裡，最小阻力的路要不是根本忽視社會體系，就是把體系視為一個吃人的邪惡勢力。然而，人們與體系的關係比這類看法更為複雜、更有

趣，也更具有開創新生活方式的潛力。我們和體系文化之間的關係是動態的、鮮活的。我們創造了世界；世界也造就了我們。我們是文化的客體──我們被文化中對於我們是誰、我們應該如何思考、感覺和行為的概念所描述、所評價、所限制。與此同時，我們也是文化的主體，是會相信、評價、期待、感覺、使用、能寫能談、會思考、有夢想的主體。我們是文化的創造者，是人類經驗無止盡文化洪流的一份子──我們感知、解釋、選擇、形塑和創造了人類文化。我們是我們所創造出來的文化的一部分，所以我們經常無法明確指出，從何處開始，文化的影響暫時止息，我們開始展現自我，或甚至這一刻到底是否存在都很可疑。我們也是文化的接收者，被社會化、也接受文化涵化 (enculturate)。我們將概念內化，用這些概念形塑我們如何參與社會生活，因此也使社會生活得以存在。我們所創造出來的這個社會生活，也同時是塑造我們成為什麼人的文化力量。

　　作為一個我們大家分享的創造性媒介，文化不是我們，但是文化也並不全然外在於我們。文化透過我們存在；我們也透過文化存在。文化在我們**之間**，也在我們**之中** (of us)。當我們參與文化時，文化提供了一個參與他人生活的方式。就這層意義來說，我們和文化之間沒有一道清楚、固定的界線，也因此，我們和其他人之間的界線也無法劃分清楚。文化就像空氣一樣；它無所不在，沒有它我們活不下

去。我們不需要任何特定的文化，但是我們一定要**有個**文化才活得下去。文化就像空氣一樣，在我們身上流進流出，不太可能在「我」、「我們」和「它」之間劃下一道清楚的界線。就像空氣既存在於我們之外，也同時充滿我們身體的每一個細胞中。作爲生物，我們是活在空氣之中 (we are of the air)，但是人又和狗、蕨類或細菌不同，我們有自己的方式。而且因爲我們彼此分享空氣 —— 如同分享文化 —— 一般，我們是以某種方式活在彼此**之中**——我們呼吸流動的共通的空氣和文化，透過所屬的共同空氣和文化相互交融。

文化提供概念和素材，讓我們得以不斷地創造自我與社會生活。但是要怎麼運用這些概念和素材，還是要靠我們自己。文化不能思考、決定、或做任何事，其他社會體系的各個面向，或甚至社會體系本身也同樣不能。面對文化，我們不是全然自主、獨立的；可是我們也不是文化所操縱的傀儡。我們和文化的關係介於這兩極之間，實際的處境比這兩極要有創意得多。我們就像即興演出的爵士樂手，沒有學過基礎樂理就不會演奏；必須學會分辨升降記號、大小調，會彈奏不同的和弦，還要能融合節拍、旋律和音調；學會這些，彈奏出來的樂聲才能渾然一體、曼妙流轉。換句話說，樂手必須知道定義和構成爵士樂這種音樂形式的文化符號和概念；知道這些文化符號與概念如何影響樂手的思考、聆聽與想像途徑。然而，爵士樂手面對音樂時所依循的這些樂

理、文化形式，也正是他們用以創作的基礎；樂手可以掰扭玩弄這些「規則」，以一種既熟悉（「音樂」、「爵士樂」）又創新的方式，挑戰既有的限制。

這並不意謂樂手可以任意演奏；雖然爵士樂聽起來確實有那麼點隨興的味道。看起來每個樂手好像不怎麼理會其他團員，各自彈奏著。事實上，當樂手們一邊演奏一邊創作的時候，他們不但極為留意其他團員的演奏，也對所演奏的樂曲形式瞭若指掌。潛藏在即興演出這種看似極富創意的混亂之下，樂手們有一套植基於他們共享文化的內在音樂規範。這是為什麼樂手們即興演出的爵士樂曲不只有音樂整體感，也有**社會**整體感，因為音樂不只發生於個別樂手**之中**，也發生於各樂手**之間**。這種根據一個音樂形式再作即興變化，有時候甚至超越原來形式的演奏方式，是爵士樂最鮮明的特性。社會生活和我們的關係，就像爵士樂和爵士樂手們的關係一樣。

讓體系發生

由於我們和體系的互動，我們、體系，以及社會生活才得以產生。從最簡單的意義來說，社會互動是由人們創造和維持一個特定的現實感所用的各種方式所構成的。社會互

動透過行動和外表來進行。舉例來說,如果一家銀行的雇員
穿著小丑服和猩猩裝來上班的話,存款人會很難相信這是一
家他們可以放心地把辛苦賺來的錢存進去的銀行。外表和行
動是互為表裡的 (mirror each other)。銀行典型的肅靜氣氛、
銀行職員處理交易業務時的沈靜、有效率的方式,都維持著
一種銀行共通的感覺,讓人們相信存進去的錢會被認真妥善
的管理。在銀行裡,人們不會高聲喧笑,也不會講一些銀行
破產或是挪用公款一類的笑話;就像飛機駕駛員和空服員不
會開飛機失事或飛機被放炸彈之類的玩笑一樣。事實上,在
美國拿飛機被放炸彈開玩笑是會觸法的。這是因為大家共同
相信的飛航安全其實是個相當脆弱的社會現實,唯有嚴格控
制人們的言行才能不讓人意識到飛航安全的脆弱。當飛機飛
在三萬呎高空,我在飛機座椅上讀書或吃午餐的時候,我通
常不會意識到在這種安全和潛在的危險之間只有一條微細的
分界線;飛機上的任何設計都鼓勵我不去想這個問題:舒服
的座椅、隨時可看的電影、食物、刊物、音樂、空調、溫
度、電話──都是為了創造一種真實感,如果我再想一想這
一切設備與舒適是在什麼地方出現的話,實在不免有荒謬之
感。然而我卻接受這一切,讓自己覺得在三萬呎高空上做這
些事是「正常的」、不值得特別留意的,要等到飛機真的發
生了什麼,我才會想到飛航不見得安全。

社會情境是透過社會眞實而界定，而這社會眞實也只有在人們主動形塑和維持之下才存在。[10] 像交談這樣簡單的情境，爲了維持這種「交談」進行中的共同感受，我們必須像跳某種舞步一樣，講究手勢、言談和身體語言。譬如，有各式各樣的方法讓對方相信我們正在注意聽他們說話：注視著他、不時點點頭、不經意發出「嗯嗯」的應答聲、當他們談到有趣的話題時微笑或大笑、說到嚴肅的事情時皺著眉頭、從他們的談話中提問題或是偶爾評論一下。沒有這些回應，就無法維持交談的共同眞實感。我舉辦過一個工作坊，讓參加者一對一對練習，其中一個人說故事，另一個人假裝完全不在乎對方說什麼（甚至快睡著）。這對講者來說是很可怕的經驗；講者典型的反應是不知道接下來該講什麼，或是想了話題但開不了口。就這層意義來說，「交談」是我們在我們之間營造出來的眞實，我們所作所爲的每件事，或者我們的不作不爲，都形塑了這場交談的形貌。這些交談的技巧是我們必須學習的，而且每個文化的交談技巧都不一樣。譬如在某些文化裡，交談時隨時看著對方的眼睛，是專心交談的表示；然而在其他文化裡，權威較低的人在交談時直視權威較高者的眼睛，是相當無禮的行爲。所以，在美國的學校裡，當一個典型的中產階級白人老師企圖和來自拉丁美洲文化或是亞洲文化的學生交談時，老師會覺得學生企圖迴避

159

他們參與交談時應盡的責任，使得談話難以進行（老師或許還會懷疑學生做了壞事企圖掩飾）；其實學生只是為了顯示尊敬和禮貌而已。在某一文化用來維持交談的技巧，在另一個文化可能只有反效果。

我們不斷地用我們對真實如何建構的知識來理解外界發生了些什麼，以及我們該如何扮演我們的角色讓世界運轉下去。以看電影為例，我走去戲院，發現等候買票的隊伍從戲院大門前一直排到旁邊的人行道上。我想這表示下一場電影還沒有開始售票，我應該去隊伍後面排隊，等待隊伍慢慢向前移動。可是這個排隊等待的社會真實是相當脆弱的，因為大部分人都希望自己排在前面而不是遙遠的隊伍尾巴，因此只要少數幾個人不遵守規則排隊，就足以讓排隊這回事行不通了。只要有幾個人離開排隊的隊伍，插隊擠到入口前，其他人就會開始懷疑是不是真的有一條隊伍？是不是照規矩排，就會輪到你？當大家開始懷疑時，這條排隊的隊伍——無論就一條隊伍，或是一個社會真實來說，就形同瓦解了。因為一個共享的社會真實，必須有某些模式的社會行動存在才能維持其社會存在的共識。

因為用來維持社會真實的技巧總是一再重複使用，所以這些技巧往往具有儀式的性質。[11]譬如，終生伴侶之間的親密關係，通常是建立在兩人彼此相愛的假設上。但是因為

兩人相愛只是一個概念而已，親密關係必須透過一些儀式來
維繫，這些儀式讓彼此相愛成為兩人日復一日參與的社會生
活中的一部份。這些儀式可能包括睡前道晚安，也許順便附
上一個吻，或是在掛上電話前說聲「我愛你」，或是在早上
各自要出發往不同方向的工作地點上班之前相互吻別。當雙
方都行禮如儀時，彼此可能都不會覺得這些儀式有什麼必
要，只要相愛就好，但是如果一方不再這麼做了，而且有相
當長的一陣子都不再這麼做了以後，那就會感覺到啦。像
「我愛你」、一個吻、或「互道晚安」這些行為本身並不就代
表愛，但是這些儀式的點點滴滴卻是交織起、維繫住親密關
係這張網的一針一線，承擔了重要的意義。親密關係無法擔
待太多差錯，差錯會引起一方的不安全感，擔憂關係裡是否
有哪裡不對勁了，猜想兩人的愛和承諾是否不如往昔了。就
像互動儀式中的許多層面，一直要到某方偏離了這些固定的
儀式，我們才會發現這張網上破了一個洞，少掉的那塊就是
他們本來應該做、卻沒有照著做的那部分。

　　當社會學將焦點放在人際互動上時，注意力很自然地
會落在個人身上，然而我們必須時時刻刻牢記著我們的所言
所行，幾乎每一件事都和某個社會體系有關。人與人之間發
生的事，很少是只和涉及的人與事有關的，通常都具有較廣
大的社會體系的意涵，雖然我們在事情發生時並不意識到這

161 一點。語言學家黛博菈‧譚能 (Deborah Tannen) 寫過很多本
討論男女之間如何交談的書。[12] 她注意到男人傾向於以能夠
強化自己地位的方式談話——男人較女人更容易打斷對方的
談話、使用有侵略性的言詞和聲調、避免讓人覺得自己陷入
缺乏控制的處境，例如向人問路或有人問他問題時表示自己
不知道答案。而女人則比男人更容易以支持、維繫關係的方
式與人互動——對方談話時專心傾聽、等著接話而不是搶
話、避免出現具有侵略性的字眼、比較不在乎讓別人感受到
她的不確定。譚能解釋造成男女有不同談話模式的原因，和
一個簡單的因素有關，那就是男女從小就和自己同性別的小
孩群玩耍、長大，因此透過同儕團體的社會化，男女有不同
的談話模式。她認為，這些成長經驗的累積造成了男女文化
的差異，進而造成男女的言行舉止差異。

　　譚能的這種研究取向有問題，因為她從不以更大的社
會脈絡去看男女為何會有不同的談話模式。她只告訴我們男
孩透過和其他男孩相處的經驗，學到具有侵略性的互動方
式；但是並沒有告訴我們**那些**男孩在哪裡學會侵略性的互動
方式。彷彿男孩和女孩自己自發地創造出這些不同模式來，
而不是因為他們為了融入**共同**身處的社會，而在社會化的過
程中學習到的。更重要的一點，譚能並沒有追問什麼樣的社
會會提供這麼一條社會阻力最小的路，讓男人追求地位、女

人在乎人際關係。她幾乎從來不提我們所處的社會是一個男性宰制的、男性認同的、和男性中心的社會。在一個男人追求地位、女人關心人際關係的世界裡，男性的性別優勢會再度被強化，而女性則爲此付出代價。當男女分別用社會給定的、阻力最小的方式互動時，他們不只是交談的方式不同而已，他們也不斷地參與營造某種社會。當男人搶話而女人默默承受時；當男人對根本不知道答案的問題大放厥詞，而女人仍然噤聲、仍然說不知道時；當男人爲他們的觀點做侵略性的主張，而女人卻只提問題，要不然就作出一副願意接受其他觀點的時候——這就是性別優勢如何**產生**，如何形塑了整體社會的結構性特徵，從家庭到工作場所，每個社會體系都有份。

　　透過接受與排斥、優勢與劣勢、酬賞與懲處等形式，每種形式的社會不平等，都造成某些群體享有凌駕於其他群體之上的特權。例如，在所有的工作場所裡，白種女人、有色人種、亞裔、男同志、女同志和雙性戀者，都發現他們總是只有被告知的份、無法眞正參與很多事，這使他們覺得自己像不受歡迎的外人。雖然這種情況有時候是別人公然、蓄意的舉動所造成，可是通常這些行爲是和日常生活的互動交織在一起的。正如羅莎蓓·坎忒 (Rosabeth Moss Kanter) 對企業組織所進行的觀察研究所發現的，當男性在女性在場的

162

情況下口出髒話時，典型的反應是向在場的女性道歉。[13]然而，也許男性認為他們的道歉只是單純地體貼女性的感受和表示禮貌，可是這麼做同時也傳達了一個訊息：如果沒有女性在場的話，他們就不用這樣小心謹慎地講話了。男人透過道歉的行為，表明了女人本來就不該在場這一點，將女人定位為會妨礙男人正常談笑風生的外人。

由於異性戀者假定其他人也都是異性戀，男女同志因而時時刻刻都有同樣的被排斥的經驗。[14]男女同志因為「出櫃」會帶來各種工作上的風險，所以即使是最簡單的日常互動也必須很小心，譬如像星期一早上工作伙伴問起週末怎麼過的這類日常對話時，同志們都要小心回答。一個異性戀者要想像同性戀者在工作場所的處境的話，不妨試著跟別人談自己的家人，可是談話時不能用任何一個會讓人發現你的家人是男是女的字眼來，那麼你就會知道這樣做有多困難了。一個異性戀者不經意的「揭露」了伴侶的性別時，並不會對他造成任何損害，譬如說當一個女人提到她的伴侶時，用了「他」(he) 這個字，因而讓別人知道對方是個男的。但是如果是一個女同志做了同樣的事，洩露了伴侶的性別的話，那麼她會發現自己陷入一堆麻煩裡，若不是受到騷擾、歧視，也至少會被排斥，這些反應都會威脅到她的生計。由於異性戀者擁有更多談論自己個人生活的自由，這種可以隨意談論

自己個人生活的自由變成一種特權，因為非異性戀者是沒有
這種權利的。[15] 異性戀者很少意識到這點，沒有意識到這些
也是他們優勢的一部份。

在一個白人佔優勢的社會裡，其他種族的人必須面對
各種排斥和歧視的互動模式。日常生活中瀰漫著各式各樣
「你不是白人」和「你不屬於這裡」的訊息。舉例來說，在
公共場合裡黑人通常是人們恐懼的對象。當需要和黑人擦
肩而過時，白人就將皮包、袋子緊抓得更靠近身體，或是
走到馬路的另一邊以避免和黑人相遇。當黑人出現時，通
常會被懷疑、盤問，雖然對方的態度是禮貌的。譬如，在
一間很大的法律事務所上班的資深黑人律師，一天較早上
班，遇到新進的白人年輕律師，後者並不認識前者。這個
新進的白人年輕律師直截了當的問這位黑人資深律師「有
什麼事嗎？」黑人資深律師回答：「沒有。」但白人年輕
律師卻一再追問，直到黑人資深律師很憤怒地表明他是這
家律師事務所的合夥人。一位黑人美國聯邦法官說了一個
自己的故事：有一天，他在一個大城市的知名旅館前和幾
個同事一起等計程車——他們大家都穿西裝打領帶。一位
白人女人開了車來，當她下車出來要進旅館時，隨手就把她
的車鑰匙交給這位黑人法官。[16]

社會不平等的「大」結構透過以上種種方式而呈現；

164

而各個社會的基本風貌則取決於這些不平等的大結構。這些體系有無數的方法可以來限制、損害人們的生活，而且不一定要用公然或蓄意的形式為之；有時候可以是用某些特殊的字眼、某種語調、選擇在什麼時候沈默回應或是移開眼神，或者是以問一些看似天真的問題的方式進行。這使得宰制、優勢群體的成員很難領悟到他們享有的特權，當然他們更不可能瞭解自己的特權是靠著弱勢群體付出何等代價才得到的。而這正是為什麼被宰制群體的成員特別難以忍受日常生活中各種微小瑣碎的排斥和羞辱的緣故；每一個日常生活中的排斥與羞辱本身並不特別沈重，可是它們加起來，就成為一種我們稱之為壓迫的沈重負擔。

一邊是日常說話、手勢和行為的各種細節，另一邊則是社會體系如何發生。這兩者在社會生活的各個層次和每一領域中都以同樣的方式運作。因此，我們做或不做某些事、如何做，都深具意義。最終，把我們和我們的自身經驗與外在社會實體連結在一起的就是這個。我們形塑了我們所參與的社會；我們身處的社會也同時反過來形塑了我們。

實踐社會學，思索未來

The Forest and the Trees

6

見樹又見林

165　　社會學不僅是一個研究領域、一門學門、一種知識的追求，也是一種實踐的形式、一種生活方式。社會學的這種特性，能改變我們看世界的方式，改變我們經驗世界的方法，這種改變，也是全新參與世界的第一步。

　　把社會學當做一種生活方式、實踐方式，影響我們深遠。我們越實踐社會學，越會注意到暗藏在日常生活中的種種假設與理解。這種種假設與理解，其實鮮少直接說出，即使說出來也很隱晦，但是這卻強力地形塑我們理解社會現象的觀點、決定我們的感受、影響我們的行為。實踐社會學，也會引領我們更深刻地瞭解大型的社會議題與社會問題，瞭解問題的根源為何，與我們有什麼關係。實踐社會學並不是要找出罪魁禍首，而是要釐清我們每日參與社會生活所能做

166　的選擇，要激發我們提供一部份出路的潛力，而非成為問題的一部份。如果社會體系及其影響面不斷地更替出新，而這種更替出新都是由於人們的社會參與使然，那麼改變的契機無限，只待我們去發掘，並展開行動。

　　社會學作為一種生活方式以及實踐方式，可以引領我們更深刻體會各種層次的人類經驗。為了把這話說清楚，請想想以下四個問題：「我愛你」這句話真正代表什麼意義？為什麼美國投票率很低？貧窮為何存在？我們**到底**是誰？

「我愛你」這句話眞正代表什麼意義？

對大部分人來說，語言文字不只是指稱世界的一種方式，不只是把所見所感所思表現出來的一套符號，也不只是一種與人溝通的一種工具。就如第二章闡述的，語言文字還代表了一種共通的媒介，藉此在各個社會情境中，創出一種眞實感。因此，語言文字是把社會體系與參與行動緊密結合的強力膠。是語言文字讓我們看見眞假虛實的基本輪廓；缺乏語言文字，社會生活根本無法進行。

在我們運用的各種語言方式中，表演式語言 (performative language) 是最牽動人心，但又最少被研究的一種。這種表達方式，本身代表某種行動，本身也就是一種行動。我們經常用各種語言文字來描述我們完成的事，正在做的事，或想做的事，雖然文字有其意義，可是口吐這些文字並不是一種社會行動。例如說，我可能會說：「我一直在想，要不要辭職。」說這句話，除了吐露幾個字，表達我的想法之外，這句話並不是什麼行動。然而，如果我跟老闆說：「我要辭職。」我不只是口吐幾個字來傳達一些意義，我還**從事**某些行動：我眞的辭了工作，而這個動作改變了一小部分的社會現象──我跟我老闆的關係。

這就是表演式語言**具有表演性**的原因：這些語言文字

167

不只是**呈現**行為而已，這些語言文字根本**就是**一種有意義的行動。這是因為，說話的內容，會被視為一種行動，因為它超越說話運作的機制。同樣地，當我說「我保證我會還錢」，我不只是在傳達我的意圖，我還**做了**其他的事。因為藉由說這些話，實質地改變了我跟對方的關係。這句話會引發一些社會期待，我因此要有某些作為，別人也有權要求我負責任。說「我保證」，**就是**要保證這句話產生的社會後果，跟其他社會行動都一樣地具體。各種誓言，不論是在法庭宣誓說真話，還是宣誓效忠政府，都有同樣的效果。

　　表演式的語言最著名的例子，恐怕是結婚時所說的「我願意」吧。電影裡常常玩弄這句話，作為一種幽默的表現：觀眾摒息以待，但是主角之一卻靜默地站在那裡猶豫，似乎**不**打算說這句話。結婚典禮上的其他話語，要是沒有「我願意」這句話，就都不算數。在特定時刻說「我願意」，這句話帶有一種社會權威，改變了兩個人與兩個家庭的關係，甚至改變了大家與一些像是國家等機構的關係，因為要收回「我願意」所造成的結果，還得要經過國家的同意。這幾個字，確確實實地改變了社會關係的結構。

　　我們很容易瞭解「我保證」以及「我辭職」這種話如何作為表演式語言，但是表演式語言更有趣的例子，是那種表面看起來並不明顯的語言。例如說，當我說「我很抱

168

歉」，我可以僅是表達我對某人損失或苦痛的歉意，不管是不是我造成這些損失與苦痛的。但是，這句話也可以是一種表演式的語言，會改變我與對方的關係。如果我因為沒注意到別人的感受，傷害到對方，我負起一切社會責任，得承受他們的怒氣，因為他們有權這麼做。我至少有責任要試圖去補償他們。有一種方法，可以疏通這種怒氣，並且逃避這種責任，就是用「我很抱歉」這句表演式的語言，把關係恢復到從前，使我脫離困境。我傷害了他，他很生氣，然後我說，「我很抱歉。」他仍然很生氣，而我藉由對他說「我不是已經說我很抱歉了嗎？」，我得以化解他的敵意。如果這句話僅是表達我的感受，那這句話就不會有什麼影響力（「你可以覺得抱歉，可是我還是覺得很受傷。」）。但是如果對方不再覺得他還有繼續覺得生氣的權力，這句話作為一種表演式語言，就有可能改變我們之間的社會關係。

這種表演式語言很有力，原因就在於我們並不意識到這句話的表演性質。「我愛你」這麼簡單的一句話，可能就是最有能量（也最危險）的一種隱晦的表演式語言。從歐洲十到十四世紀的騎士時期起，浪漫愛情出現，「我愛你」這句話，就變成人們最想聽，或是至少有時候得講一講的一句超級重要的話。特別是在西方社會（其他社會也逐漸如此），對於愛情，好像迷上了癮：得到愛，擁有愛，愛到天

長地久，失戀後繼續再愛。愛情到處都是，文學、電影、音樂、藝術，還有每所高中的走廊，都是愛。好像我們生活中，很少有像愛情這件事，具有如此強大的力量，得以決定我們的身心狀態，得以使我們爲了能聽到意中人說出這三個字，甘冒風險做出一些傻事。

169

這三個字到底代表什麼意義？最簡單的層次，這幾個字跟其他字一樣，是傳達一些資訊，只是這裡這三個字所傳達的資訊，是一種高雅的文化價值。這幾個字，傳達了一種訊息，表現出對於對方的感受。如果這句話的意義就這麼簡單，那我們應該會覺得每個人都會很想聽到這句話，尤其在這個這麼強調愛人與被愛的社會。但是又並非如此。不該說的人說「我愛你」，就跟該說的人沒說「我愛你」，一樣地有問題。說或是沒說「我愛你」，事情很大條，就是因爲這些字不只是傳達有關現況的資訊。這些字，對於改變現況，還扮演了一種表演式的角色。這就是爲什麼這三個字會得到這麼多的注意，會引來這麼多的麻煩。

例如，我們可以把「我愛你」看做是某種禮物，像是一種讚美。如果我們遵循互惠的社會常模，我們會覺得應該要對於這種交換，給予類似的回報（「我愛你」「我也愛你」）。[1] 我們也可以把說「我愛你」當成是一種脆弱心靈的展現，甘冒向對方揭露我們的感情，以加深我們的關係。就

像是收到禮物一樣，這也會使得對方要以同樣的方式回饋。
不管是哪一種情況，當我們告訴對方我們愛對方——特別是
第一次講的時候——我們會很希望（如果不是很期待），對
方也會告訴我們說，對方也很愛我們。如果這些字你來我往
個一陣子，我們就是不真的說出來，也會覺得對方就會有著
同樣的回應。可是，如果說對方的回答並非「我也愛你」，
那就麻煩了。如果對方的回應是，「太棒了」或是「謝謝你
告訴我」，或是「你愛我真是太好了」，這會使我們覺得很不
滿意、很自曝其短、很蠢、很受傷，甚至很屈辱（「我跟她
說我愛她，她居然只說了一句『謝謝』！」）。任何曾經鼓起
勇氣說「我愛你」的人，瞭解那種等待回應的焦慮感。任何
曾經接收「我愛你」訊息的這一方，也瞭解那種被迫該有適
當回饋的尷尬與痛苦。

170

　　可是，為了做好回饋的義務，我們不能就假裝一下
嗎？在其他情境下，很多人都會如此。「你今天好漂亮啊。」
「謝謝，你也是啊。」我們當然是可以假仙一下，可是跟
「你也很漂亮啊」不同的是，「我愛你」不只是在交換讚美
或是交換好點子，而是一句力量強大的表演式語言，說這句
話會使我們陷入險境。在可能發展成浪漫愛情的關係上（例
如說，跟親子的親密關係不一樣），第一次說「我愛你」不
僅是取悅他人而已，而是一種邀請，一種意圖的表示，想要

改變一種社會關係。如果我們對這句話回以「我也愛你」，我們與對方的關係馬上就有所改變。我們之間的期待與理解馬上有重大轉變。例如說，這可能是對於我倆關係增加性愛的層面，或是覺得在任何情況下，都應該把對方置於任何人之上。我們甚至可能會期待要發展一種長期（如果不是永恆）的關係，像是同居，或是合組家庭。

這句話作為一種表演式語言，並非只是具有溝通的功能而已，這句話還對改變社會現實，改變我們與他人的關係，起作用。「我愛你」其實就是表示結盟關係的「我願意」，只是層次比較非正式，而「我愛你」的重要性不止在於這句話代表的意義，還在於這句話**產生的作用**。在這層意義上，一般表達正面感受的語言，即使與「我愛你」這句話十分相關，在缺乏表演性的情況下，只是傳達資訊，沒有改變的力量：「你說我很棒、很迷人、性感、聰明、有趣，你對我感興趣、為我著迷、為我感動，你很想跟我在一起；可是，你卻從來沒有說你**愛**我啊。」這三個字這麼關鍵，這麼有力，是因為這三個字意味著：環繞在愛的關係上，兩人又跨越了原有的界線。這就是為什麼，說這句話時我們小心翼翼，跟誰說也要謹慎無比。寫信給朋友，信末簽名時寫個「love」是一回事，可是跟對方說「我愛你」，又是另一回事。這就是感情的表達，與關係的宣示，這兩者之間的差異。

這三個字，可以使我們跨越原有的界線，進入一種新的關係，全然改變了我們的責任與義務。在電影 *Harold and Maude* 裡頭，就把愛作為一種感受，與愛作為一種關係，這兩者的差別，做了精彩的刻畫。這部片子裡的年輕人 Harold，憂鬱而有自殺傾向，他愛上了年老但是快活的 Maude。在 Harold 不知情的情況下，Maude 決定在七十歲的生日當天，結束她的生命；她已經計畫很久了，因為她認為活到那時候是最恰當的。她服下了大量的藥物，而 Harold 發現了，把她緊急送往醫院。Harold 急著想救她，抗議說，她不能就此一走了之，因為「我愛你啊，Maude。」但是，她並沒有跟他一樣，把這種愛的表達當作是一種心心相繫的結合關係，她就這麼回答：「好極了！再去愛更多人吧！」

「我愛你」在很多非關浪漫愛情的情境下，都作為一種表演式語言，但是會起不同的變化與效果。例如說，當父母跟子女說「我愛你」，這就跟子女跟父母說「我愛你」不太一樣。這反映了父母角色與子女角色中間的重大差異。對父母一方而言，這三個字不只是表達疼愛的情感，還是一種對於確保子女幸福的保證。因為這三個字與這種保證關係太密切了，所以這三個字可能並無法讓子女瞭解父母到底對自己有何感覺，這就是為什麼很多子女都會在父母愛我，與父母喜歡我，這兩者之間，做一分別。就父母與子女的角色關係

172

而言，會強調父母要盡力照顧子女，作為父母對子女的愛，但是這角色未必規定父母要喜歡子女。從子女這一方來看，說「我愛你」不見得表示他們對於父母的感受，尤其孩子還太小的時候，還不知道愛是什麼。這三個字的意義，其實是在於誘發父母再一次地確保他們對子女的關係，你看每次子女說「我愛你」，父母不就老是回應說「我也愛你。」這種儀式，也會在成年伴侶之間發生，是作為一種顯示相繫關係仍存在的簡便方式。

表演式語言的力量驚人，我們使用時要小心。如果我們不小心，社會對於不甩表演式語言帶有的文化權威的人，會予以譴責，同時，濫用表演式語言，也會造成傷害。只要習慣性地濫用表演式語言，很快地其社會關係就會分崩離析——說謊的人，不守承諾的人，推託責任造成別人傷害和損失的人，或是那種違心說愛、輕言說情的人，都會有這種下場。在這層意義上，語言不只是所說的話而已，而我們，也不只是「吐話」的那個人而已。我們說話的當下，也在創造、改造、翻轉這個世界，創造、改造、翻轉我們自己，以及世界與我們的關係。

為什麼美國人不投票

173

我寫這本書的時候，離大選僅有幾天。我正在想這個

星期二要做什麼的時候，有人告訴我，參考過去的經驗，恐怕有幾百萬的合格選民不打算去行使憲法所賦予他們的權利。這實在蠻奇怪的，尤其是有幾千萬的人根本沒有投票權，這些有投票權的居然還不去投票。不過更奇怪的是，我們美國比起加拿大，比起歐洲大部分的國家，投票率都要來得低。怎麼會這樣？如果我從社會學的角度來思索這個問題，我會先想想，投票與不投票，是兩種參與政治體系的不同方式。從這出發，我就得問了，到底我們有什麼樣的政治體系，會使得數以百萬的人，把不投票當成是他們阻力最小的路。會不會有一種政治體系，明明是要發揮民主精神，結果反而促使人不去投票？

　　的確有這種政治體系。讓我就從這個情況開始談起：在美國，要登記成為投票人，障礙還蠻多的。在加拿大，你會自動有投票權，可是在美國，你先要申請，才能有投票權，成為投票人。最近法律通過，只要在申請駕駛執照的同時，就可以同時申請成為合格選民。雖然如此，投票權仍並非隨著你的公民身分而自動產生。既然登記為合格選民的人，大都真的投了票，我們可以想見，登記的方式越簡易，投票這種政治參與就會越踴躍。美國這種對於簡易登記投票制度的抗拒，反映了長久以來對於下層階級、新移民的文化偏見，也反映了對於其他可能以政治力顛覆現況、打倒主流

174　特權的那些人，帶有文化偏見。例如說，獨立革命（開啓了美國偉大的「民主」實驗）之後好久一段時間，仍僅限於擁有財產的白人，才享有投票權。

如果我們再深入探查我們政治體系的結構，我們會發現，這個結構藉由降低每張選票可能有的影響力，來阻止民眾登記或投票。選舉是以一種「贏者全拿」的原則來設計的。這表示說，要成爲民意代表，你必須在選區內有位候選人，可以贏得過半數的選票。對少數族群來說，除非有辦法在選區拿到大多數的選票，否則通常很難在各州或是聯邦的立法部門取得代表權，而少數族群取得多數選票，通常又蠻困難的。1996 年的總統大選，社會曾經討論過，要不要乾脆取消第三黨候選人裴洛 (Ross Perot) 的參選資格，就是因爲認爲他根本不可能贏得全國的大多數選票。這個討論，戲劇性地呈現現有選舉制度的特色。

歐洲的國會選舉就跟美國大不相同，國會席次是根據政黨得票率來分配。如果你所支持的政黨，贏得 5% 的選票，你的政黨就會佔有 5% 的席次。但是在美國，一個政黨可能得到 49.99% 的選票支持，但是卻沒有得到任何的席次。這表示說，如果你支持的候選人，或是某個政黨，如果沒有辦法在你的選區中贏得過半數的選票，那麼你那一票，也就沒有什麼用了。你也許會因爲盡了國民的義務而有一種

道德上的滿足感，或是藉由投廢票、投給你心儀但是又不可能選上的那個候選人，來表達你的抗議。但是你的選票，卻沒有反映在民意代表的組成上。然而，歐洲的選民去投票的時候，知道每一票都會有著加成的效果，都會顯現在某個政黨所佔政府代表的席次。

　　另一個大家都不去投票的原因是：美國的政治體系，主要是為了兩黨政治所設計。共和黨與民主黨可能在墮胎權與槍枝管制等議題上有所差異，但是在對於維護資本主義體制、對於財富、財產，以及使用軍隊武力來維護並促進國家利益等等方向，大致上看法一致。這兩黨也都有意放棄那些仰賴社會福利的窮人，也就是說，傾向把社會問題，歸咎是新移民、低階層的人、青少女小媽媽，以及黑人所造成的，並對於種族主義、性別歧視、以及其他種形式的特權與壓迫，不打算大刀闊斧地處理。如果你所屬的社群，其利益兩大黨都不願顧及，那很容易就看得出來，現今政治體系的設計，是為了其他與你利益大不相同的社群所設計的。從這個觀點來看，哪一黨來執政都一樣。你投不投票就無關緊要，因為對你來說，投票的結果到頭來都一樣。例如說，1996年，政府大幅度刪減福利項目，背棄了政府長久以來承諾要照顧的一群最需要照顧的人，包括貧苦的小孩。這條法案是由共和黨所控制的國會所通過，由民主黨籍的總統所簽字。

175

在 1990 年代，共和黨與民主黨都加入了哈佛經濟學家高伯瑞 (John Kenneth Galbraith) 所描述的那種「心滿意足的對那些悲慘不幸的群起攻擊」。[2] 美國的政治體系，是由對現況心滿意足的人的選票所主導：「外表看起來是民主，可是這種民主不是所有的國民都能參與，而是那種為了捍衛自己社會與經濟優勢的人，才能投票參與的民主。這種政治體系造成的結果，就是政府不會根據現狀與民眾需要去做什麼調整，而是一心向著那些佔大多數投票比例的心滿意足群眾。」[3] 所以這也難怪，如果你是中產或中上階級，有一份不錯的工作，或者你是白人，就比較容易去投票。

常常我們以一些像是冷漠的心理機制，來解釋低投票率的現象。然而，從社會學的觀點，這忽略了人們參與社會體系的種種感受。如果政治體系的設計方式，使得遠離政治成為數百萬人理性的選擇，那麼說拒絕投票的人「漠不關心」，就實在是一種膚淺的說法。[*1]

為什麼會有貧窮？
把社會問題的「社會」因子給找回來

對於幾個主要的社會問題──像是貧窮、藥物濫用、暴力，以及壓迫──我們會覺得好像一點辦法也沒有。政府

有一些措施，施行了又放棄了。政黨總是開一些空頭支票，搞得我們團團轉，到頭來只是為了選票而已。這些社會問題要不然就是越來越糟，我們越來越覺得無能為力；要不然，對於一些人而言，這些社會問題就是事不關己，對這些問題也不聞不問。所以整體社會而言，我們一籌莫展，而且我們已經一籌莫展很久了。

為什麼我們會一籌莫展，說法之一就是，問題牽連廣泛而複雜。但是更深入探討，我們思索這些社會問題的方式，又會一開始就把我們抽離問題的複雜性。社會學最基本

---

*¹（譯註）從社會學的角度來看，我們要怎麼樣解釋台灣的高投票率（例如，2000年的總統大選，投票率達 82.69%）呢？一來，與本書描述美國合格選民的產生制度不同，台灣的投票權是隨著我們的公民身分而自動產生。然後，就政治體系而言，我們的民意代表產生的制度是「單一選區多席次不可讓渡制」，與本文美國的「贏者全拿」也很不同，也就是每個選區的民意代表候選人，可能不需要過半的票數，甚至是少數的票數（如一、二萬票就可能選上立委），這使得每一票都變得很關鍵。同時，台灣的侍從威權體制，也就是王振寰《誰統治台灣：轉型中的國家機器與權力結構》（1996，台北，巨流出版）一書中所討論的，國民黨來到台灣後，無論在政治與經濟上，都是全面壟斷的狀況，這使得國民黨將經濟與政治利益分給忠誠的跟隨者，造成台灣地方派系的盛行。而地方派系在選舉的過程中，往往動員滲入每一個家戶中拉票（甚至提供金錢作為「走路工」，也就是買票），這些因素都增加了「去投票」的誘因，因此提高台灣民眾的投票率。有關於台灣買票的機制討論，可以參考王金壽的研究（1997），〈國民黨候選人買票機器的建立與運作：一九九三年風芒縣長選舉的個案研究〉（《台灣政治學刊》2：3-62）除了從政治體系的設計來理解高投票率之外，台灣在威權轉型的過程中，民眾對於政治改革有著高度期望與熱情（例如總統或是縣市長大選時萬頭鑽動的群眾場合），這也是促使台灣民眾積極投票的關鍵因素。

177 的主張就是：若要解決社會問題，我們一開始就得把問題的社會面看清楚。[4]如果這點沒做到，那麼我們對於社會問題的解釋，就會不正確，對於解決問題的方向，也會有偏差。

例如說，我們想想貧窮的問題，這無疑是影響最深遠、持續最長久，造成人長年苦難的主因。像美國這種財富傲視全球的國家，還有這麼大規模的貧窮狀況，實在是很諷刺。美國大概每五人就有一人過著貧窮或是近似貧窮的生活。小孩陷入貧窮的比例更高。[5]即使是中產階級，仍存在著好大一股焦慮，唯恐——例如說，因為離婚，因為公司為了提升競爭力、利潤，以及股票價格而關廠——而落入貧窮的處境，或是離貧窮不遠。

在這富庶國境之中，怎麼還會有這麼多的苦難與恐慌？如果我們從社會學的角度來檢視這個問題，首先我們要瞭解的是，貧窮不是自己冒出來，不是獨立存在的。貧窮是位於整體社會財富分配的尾端。如果這樣看來，貧窮牽連了社會體系的結構面，這個體系所造成的持續後果，以及形塑人們參與體系的阻力最小的路。我們生產、分配財富的體系是資本主義。這種體系的設計，允許少數人掌控大部分的資本——工廠、機器、工具——來製造財富。這促使少數人迅速累積財富，而這種體系又把這種人看成英雄——像是微軟的比爾蓋茲；然後又把財富總數的一小部分，平均分配給

其他人。大部分人，要來搶這少數人所剩下的財富，難免　178
就會有一部份人只搶到一丁點零頭，就過著貧窮的生活，
或是憂心著有一天會落入貧窮。這就好像搶位子的遊戲；
遊戲的設計就是位子比人少，所以音樂停止的時候，就是
有人會搶不到位子。

　　所以說，之所以會有貧窮現象存在，一部份是因為經
濟體系設計的方式，一方面鼓勵人累積財富，一方面也使得
貧窮變得在所難免。但是資本主義體系還以其他方式製造貧
窮。例如說，在利潤追求的過程中，資本主義體系崇尚競
爭，講求效率。這會促使公司以及負責管理的經理，要把工
資盡可能地降低，用機器取代勞工，或用兼職的取代全職
的。把工廠遷往勞動力低廉，員工不太會抱怨惡劣工作環境
的地方，或是遷往對於環境污染，對於職業災害都比較缺乏
法律保障的地區，對公司來說，都算是理性的選擇。資本主
義會鼓勵老闆關閉工廠，前往他處投資，以獲取較高的利
潤。這些決定，都是在資本主義體制下的正常結果，這也是
對於經理人以及投資者會趨之若鶩的阻力最小的路。但是這
些決定，對於千百萬人，以及他們居住的社區，帶來了巨大
的衝擊。即使有份全職工作，都還不能保障生活安樂，而這
就是為什麼很多家庭，有著雙份或更多份的薪水，都還僅能
餬口。會這樣，都是因為在資本主義體系中，大多數人手中

並沒有握有吃飯的傢伙，也難以控制生產的工具，只能靠受雇替別人賣命來維生。

179　　除此之外，還有其他的社會因素值得考量。例如說，離婚率升高，單親家庭變多，而這些單親家庭很難只靠一個大人的薪水，同時來支付養育小孩的費用與生活費。美國幾世紀以來的種族主義，一直讓幾百萬人四處碰壁，因為他們受的教育有限，孤立於都市的貧民窟，飽受偏見與歧視；原本他們不需太多學歷就可以勝任的工廠工作，還可以讓他們靠此維生，現在這些工作機會又都沒有了。這類工作本來是使得幾代歐洲白人移民脫離貧窮的管道，但是現在對都市大批的窮人而言，又缺乏這類工作可做。[6]

很明顯地，這種決定財富如何製造與分配的經濟系統，無法避免產生大範圍的貧窮現象。如果我們想對貧窮有所處置，如果我們想讓這個社會大致上都沒有窮人，那麼我們就應該對這個人們身處其中的體系開刀，同時也對人們參與體系的方式下藥。可是，在輿論對於貧窮的討論上，以及相關的政策處理，都只針對後者做處理，幾乎沒有對前者有什麼想法。所謂「自由派」與「保守派」這兩派對於貧窮的看法，看起來有所不同，可是事實上都陷入了個人主義式這種窄化問題的思考模式。

保守派的經典例子，可以由穆瑞 (Charles Murray) 的著

作《優勢不再》(*Losing Ground*) 來說起。[7] 穆瑞把世界看成一座旋轉木馬。我們的目標呢，就是確保「每個人在這黃銅旋轉台上，大致上都有平等機會——或是說，至少每個人都有同等機會坐上旋轉木馬。」[8] 他檢視三十年來政府各項反貧窮的計畫，發現大部分的計畫都失敗了。他因此下結論說：既然政府的計畫都沒有成功，這表示貧窮不是由於社會因素所導致。貧窮呢，是因為個人不夠積極、不夠努力所致。有些人會窮，這是因為他們欠缺了些什麼，所以只有靠著改變這些人，才是唯一有效的補救方法。因此，他就建議，取消一切的公共福利政策，像是保障名額制度 (affirmative action)、福利措施，以及各項收入補貼措施，「包括貧困家庭育兒津貼 (AFDC)，貧戶醫療補助 (Medicaid)，糧票，失業保險，等等。這會使得該工作的人，除了勞動市場，家人，朋友，以及公私立的地方服務機構以外，就再沒有其他資源。」[9] 他相信，這會使得「人們會盡量找尋對自己有利的出路。」[10] 1996 年美國福利改革法案，就等於循著穆瑞的方向又邁前一步，再次確立長久以來我們社會對於個人主義思考模式的堅守，也顯示我們對於其他思考模式存在著很多的誤解。

　　這些誤解包括，我們如何思索個人與社會的關係，思索貧窮作為一種個人處境，以及作為一種社會問題。一方

面，我們可以探問，爲什麼人們會置於不同的社會階級。對於誰跑在前頭、誰得到最好的工作、誰賺最多錢，有哪些因素最能預測？如果你要超人一等，最佳的策略是什麼？根據很多人自己的經驗，答案簡單明瞭：努力工作、勤奮讀書、越挫越勇。[2] 當然這種建議也沒錯，而這也牽涉到人們如何參與這個社會體系。然而，從社會學的觀點來看，這只點到了問題的一部份，而未觸及有關體系的這一部份。也就是說，這樣的答案忽略了社會生活是**同時**由體系的性質，**以及**人們參與的方式來決定的，是**同時**包括森林以及樹這兩部分。改變人們參與的方式，可能對某些人有幫助。然而，詭異的是，這可能對於處理「貧窮作爲一種社會現象爲何普遍存在」這個更大的問題，卻沒什麼用。

　　我們暫時想像一下，收入的分配是根據賽跑的結果來

181

---

[2] （譯註）台灣社會時常可聽到「吃得苦中苦，方爲人上人」、「有志者事竟成」、「愛拼才會贏」等強調個人努力向上的勉勵話語。根據關秉寅與黃毅志的研究〈台灣社會民眾對成就之歸因及重分配政策之態度〉（1997年，刊於《九○年代的台灣社會》，張苙雲、呂玉瑕、王甫昌主編，頁 147-187，台北：中央研究院社會學研究所出版），台灣人大多數認爲個人內在能力或是努力程度，也就是內在歸因，是解釋一個人爲什麼會事業有成的原因。對於本文作者所說的資本主義社會造成的貧富差距、社會階級，關秉寅與黃毅志的研究也發現，台灣民眾比較少注意到這樣的結構性因素。這樣看待社會不平等的想法，很可能使得我們過去強調，只由個人去努力、去拼、去吃苦來解決處於社會不平等的問題，而沒有真正碰觸到問題的「社會面」。

取決的。我們把美國一年所得都集中起來，然後舉行個賽跑
比賽，決定誰要得到多少。跑得最快的前五分之一，可以分
配到 45% 的收入；跑得第二快的五分之一，分配到 25% 的
收入；跑得第三快的五分之一，分配到 15% 的收入；跑得
第四快的五分之一，分配到 10% 的收入；跑得最慢的五分
之一，分配到 5% 的收入。結果會使得財富分配不均，跑得
最快的五分之一所得，是跑得最慢的五分之一的九倍。這樣
的結果，跟美國現有的財富分配比例差不多。[3]

　　如果我們檢視跑得最慢的五分之一，然後問：「爲什
麼他們很窮？」答案好像很明顯：「他們跑得比人家慢，如
果他們跑快一點，他們收入就會好一點。」這又會使得我們
要問，爲什麼有些人跑得比較快，有些人跑得比較慢，原因
可能包括體質啦，營養啦，是否有毅力定期練身體啦，或是
是否有錢請個專屬教練來訓練體能。可是，如果要瞭解，不

---

[3]（譯註）台灣 1999 年家戶的分配爲：所得最高的前五分之一家戶，擁有 39% 的
　　收入；第二高的五分之一家戶，有 23% 的收入；第三高的五分之一，有 18% 的收
　　入；第四高的五分之一，有 13% 的收入；所得最低的五分之一家戶，僅擁有 7%
　　的收入。收入最高的五分之一所得，是最低的五分之一的 5 倍半。這個「5 倍半」
　　雖然比文中作者所說的「9 倍」來得低，顯示台灣的貧富差距較美國來得小，但
　　是日本、瑞典、荷蘭、西班牙等國的倍數都還低於 5。同時，台灣的貧富差距有
　　擴大的趨勢：在 1980 年時，這個倍數爲 4.2，到了 1989 年增爲 4.9，而在 1999 年
　　達到近 30 年來的最高點 5.5 倍。統計資料請見行政院主計處出版的《88 年家庭
　　收支調查報告》（2000 年出版）。

管他們跑多快，爲什麼**一定要有**五分之一的人要**變窮**，這就得要檢視體系本身的問題。這種體系，以無窮無盡的競爭，不只決定誰可以買得起豪宅，還決定誰有飯吃、有地方住、可使用醫療照護。這種分配財富的方式，使得那些已經擁有最多的人，會越傾向主張財富集中。如此，今年跑得最慢的五分之一，明年可能跑得快一點，於是就換一批人成爲底層的五分之一。問題是，只要體系不改變，永遠會有人**得**待在底層的五分之一。跑快一點，可能會使得你我脫離貧窮，可是貧窮這種事仍然存在。想要消除貧窮，我們除了改變人們參與體系的方式之外，我們還要改變體系本身。例如說，我們可以不要把大餅依照 45%、25%、15%、10%，以及 5% 來分，我們可以分成 24%、22%、20%、18%，以及 16%。當然不平等還是存在，可是跑得最快的前五分之一，所得僅爲跑得最慢的五分之一的 1.5 倍，而不是 9 倍。最快的也只比中間快的，所得多 1.2 倍，而不是 3 倍。

　　我們可以繼續討論，我們道德上是否能夠接受長期以來貧窮普遍存在的狀況，或是不平等的程度要到什麼地步才比較爲人所接受。但是，如果我們要瞭解貧窮的根源，爲什麼貧窮老是成爲社會生活揮之不去的一面，那我們得從一個最根本的社會學事實來開始分析，也就是說，不平等的情況一直存在，不只是跟人們如何參與體系有關，更跟社會體系

是如何運作有關。只注意其中一個面向，而忽略另一個面向，會使我們沒辦法得到全面性的瞭解。

　　然而，只著眼於個人層次的這種思維方式，是如此地根深蒂固，甚至那些以為把社會因素考量進去的人，都脫離不了這種思考方式。不只穆瑞自己如此，批評穆瑞的人也是如此。也許穆瑞最大的問題，就在於誤解了政府反貧窮措施失敗的原因。他假設這些措施實際上是針對貧窮的社會成因，所以如果這些措施無法起作用，那就表示社會成因不是重點。但是他錯了。福利措施或是其他反貧窮措施如果說是「社會面」，頂多只是這些措施的設計，起因來自我們認為像政府這種社會體系有責任要對貧窮做點什麼。可是這些反貧窮措施，一開始就並**不是**依照社會學對於體系如何**產生**貧窮的這種理解來設計。結果，這些措施幾乎都只是要改變個人，而非改變體系，而且採用政府以及其他體系的一些資源來實施。如果反貧窮措施無法作用的話，這並不表示貧窮是社會的後果這種理解是錯的，而是顯示制訂這些政策的人並不瞭解什麼叫做「社會」成因。或是說他們其實瞭解，但是他們並不想針對經濟這種體系做大刀闊斧的改革。他們跟我們這個社會的其他人一樣，都為個人主義式的思考模式所困住。

　　最容易看清楚這點的方式，就是檢視這些反貧窮的措

183

施本身。大致上這些措施可分做兩類。一種假設財務上的成功，就是個人特質與行為的結果，因此這類措施是要個人來負起責任。也就是說，如果你加油跑快一點，你就會打敗別人超前，那就**換別人**來窮，而不是你窮。我們提供各項訓練，提高個人動機，來使得人跑得快一點。然而，我們卻不去檢視賽跑的規則，或是去質疑為何生活基本所需必須靠競爭來做分配。結果就是，有些人靠著提升競爭力，因此脫離貧窮，但是有些人的競爭力不再具優勢，被公司解雇，或是公司外移到其他地區，或是公司為了提高股票價值、或是讓總裁賺比一般員工平均高 25 倍的薪水，而被其他公司併購。可是我們對於這種經濟體系，這種由一小撮人掌控大部分的財富、而讓其他人為剩下一點大餅競爭的體系，卻沒說些什麼，也沒做些什麼。所以，人們就在階級體系裡浮浮沈沈；成功的故事，就當成有為者亦若是的證據，失敗的例子，就當成警訊。體系本身，包括有錢人與一般人之間巨大的財富差距，以及活在貧窮線下的固定比例，都仍然維持不變。

另一類的措施，假設個人不用替自己貧窮的處境負責，因為這些措施是提供各種直接幫助，來協助人們維生。福利津貼、糧票、住屋津貼，以及貧戶醫療補助，都會減輕窮者的負擔。但是，這些措施並無法解決相當比例的貧窮現

象。這類措施可以減輕人的苦難，其實並沒有什麼錯。但是這種作法與徹底解決貧窮問題並不同，就跟軍隊醫院無法停止戰爭一樣。各項福利措施的提供，對於解決貧窮作為一種社會問題的作用很有限，就好像醫生光給病患輸血，可是沒去修補傷口一樣。事實上，穆瑞告訴我們的是，政府各項措施，就好像是拿好血去換壞血。某個意義上，其實他正巧說對了，不過對的理由跟他說的不同。穆瑞會只是以那種不會有效的個人主義式解決方式，來替代另一種無效的方式。如果我們真的照著他的話去做，讓人去自生自滅，那一定會有人找到跑得快一點的方法。但是這種方法對於「比賽」本身，或是不平等的系統本身，並不會有什麼影響，而這個不平等系統正是組成社會生活最關鍵的一種方式。

　　對於貧窮這個並非完全是個人的問題，自由派與保守派在兩種個人主義式的解決方式之間搞拉扯戰。兩種方式都對為何貧窮是「社會」問題，有著嚴重的誤解。兩種方式，都沒有搞清楚，社會生活實際上，是在社會體系與人們參與體系方式，這兩者之間交互運作。這也是為什麼兩方在指責像貧窮這種問題到底是個人問題、還是社會問題之間，陷入沒有出路的僵局。要解決社會問題，不必然一定要在個人的，還是社會的之中擇一而定，而是要看這兩者合在一起如何形塑社會生活的內容，以及人們實際生活其中的樣貌。

185

社會問題並非人們苦痛的加乘累積，因此無法由個人式解決方式的加乘累積來解決。我們一定要加入社會式的解決方式，把像是經濟以及其他體系的運作狀況納入思考。我們也得認清楚，經年製造這些社會生活類型與社會問題的阻力最小的路。這表示，資本主義並非永遠高高在上，不能批判。這也許顯示，資本主義也許在某些方面，與一個公平正義的社會，一個不需要把他人踩在腳底下才能過好日子的社會，並不相容。要挑戰資本主義體系並不容易，但是如果我們不這麼做，貧窮仍會繼續，各種衝突與苦難，也將不會歇止。

我們到底是誰？

既然人是促使社會生活產生的主角，社會學的實踐就不免讓我想到自己。例如說，思索有關社會壓迫這種「大」問題是一回事，這些議題如何與我個人扯上關連，又是另一回事。

幾年前一個料峭春寒的黃昏，我在我住的一個大學城街上散步。夜幕剛臨，街上沒幾個人。我走著走著，迎面走來一位年輕女性。我從來沒見過她，可是我們越來越接近的時候，我感受到一些異樣的氣氛，讓我覺得又詫異又困惑。

186

而且，這一幕歷歷在目，幾年後仍然很困擾我。我們擦身而過時，她低下頭，避開交會的目光，加快腳步，還靠邊走以加大我們之間的距離。她似乎縮緊了身子，要把身體的空間更加縮小。我忽然明白，在這個美好的黃昏，走在這個安寧的街上，她在怕我。她怕的是我，一個根本沒有想要傷害她的人。

然而，她會有如此感受，根本與我的意圖無關，而是跟我的社會類屬有關；我作為成人男性的一員，正是世界上大多數暴力的來源，更是騷擾女性的最主要來源。這就是她知道的我，而這就足以讓她害怕，也讓她順從我——我們在人行道交錯時，她把路讓給了我走。我並不希望她這樣做，可是我希不希望並不重要，這就是這個故事的社會學觀點，以及我個人的核心困境。

社會生活產生各種後果，包括形塑我們理解彼此、我們感受、我們作為的阻力最小的路。我們不是路徑本身；不管我們對路徑有什麼瞭解，也不管路徑是否引領我們去我們最想去的地方，路徑在特定的情況下就會存在。我從未有性騷擾、性暴力的舉動，對這社會學的分析來講，無關緊要，因為這位女性將「成人男性」和權力與威脅連結在一起，而這權力與威脅，是根基於一個男性主導、男性認同、以男性為中心的世界，而我們都參與其中。既然並沒有一個「典型的」暴力男性模樣，光從我外表，也看不出我是個危險人

187 物，但是光從我外表也不能向她確保，我不會對她施暴，不會騷擾她。同樣的道理，性騷擾與性暴力受害者的最大特質，就是身爲女性，所以她也可能是歹徒的目標。簡單地說，是在這種社會，我的男性身分就足以使我像個歹徒，足以造成威脅，而她的女性身分，就足以使她成爲性騷擾與性暴力的特定目標，使她覺得容易受到攻擊。

當我瞭解到底是怎麼一回事時，我第一個反應是爲自己辯護。我想，畢竟我跟**他們**不一樣嘛。我就是我，亞倫，而不是某個社會類屬的成員。就某個層次來講，當然，我是對的；可是就另一個層次來說，我又不對了。讓我在那裡來回掙扎猶疑的是，到底我所屬的社會類屬代表什麼意義，這個社會類屬也是大多數人對我的瞭解，當然也是那位年輕女性在那短短一刻對我僅有的瞭解。很後來，我才瞭解到，我很希望我被當成獨立的個體，跟我所身處的社會體系分開，這其實是一種奢求，因爲我所屬的社會類屬，自動享有某些特權。我以前就跟很多白人男性一樣，並不想要多想什麼種族與性別的問題，不想要多想在這個充滿了種族與性別歧視的世界，我作爲一個白人男性有什麼特別的，有什麼問題。因爲只要我一想，對於我的生活，如何藉由我與他人所共同參與的體系，而跟他人的生活牽連在一起，我就得好好打破舊思維，重新思索一番。

例如說，當白人男性在抱怨保障名額這種制度時，他們常會提到個人優劣這種議題。[11]*[4] 他們很瞭解自己的長才，自己的努力，很想把自己手中有的，自己應得到的，都歸功於此。他們忽略的是，對於一些跟他們一樣優秀、一樣努力的女性以及弱勢族群，這些白人男性更具有一些社會優勢。他們忽略到，由於其他社群常會面臨一些障礙，使得白人男性的競爭對手減弱，因此更易成功。例如說，我們這個文化常對女人與黑人視而不見，在學校特別對他們吝於給予鼓勵與支持，而且如果這些都還不足以打擊他們的話，還可能公然歧視他們。而白人男性的優勢是建築在一個根本不需要公然歧視的結構體系下。例如說，在大多數企業裡，想要熬出頭，就是要有上面的人注意到你的潛力，願意提拔你，栽培你。[12] 這些足以提拔人、栽培人的人，常常會找那些他們覺得相處起來最「舒服」的人來提拔栽培──就是那些跟他們最相像的人。大部分位居高位有權提拔人的人，都是白

188

---

*[4]（譯註）台灣婦女運動界在爭取「四分之一婦女保障條款」，即碰到類似的反對聲音。例如 1998 年民進黨國代莊勝榮就認爲，這樣的婦女保障名額制度，「不公平」，認爲「女性候選人平時不努力耕耘，愛之適足以害之」（中國時報，1998 年 7 月 20 日）。類似的說詞，也發生在原住民教育的保障名額制度上。北區大專院校原住民學生聯誼會前會長 Tzama 就觀察到，「原住民學生長期處於漢族文化霸權之教育機制」，複製了族群不平等，助長族群歧視，同時社會也往往將「所有（對原住民）的『優惠政策』都被解讀爲施捨與同情」（中國時報，1999 年 6 月 3 日）。

人男性，選擇其他白人男性來栽培，對他們來說，也就是選擇了那條阻力最小的路。只要拔擢的過程是如此，白人享有的優勢就會延續，即使他們**通常並不會感覺自己享有什麼特別待遇**。他們只注意到自己多奮發向上，所以像是出現保障名額這種制度，他們就會大聲指責別人的「不公平優惠」。他們沒有看到的是，他們的不公平優惠，是深深鑲嵌在社會體系的設計之中，而表面上還不易看出是優惠，但是實際上就是如此。

其實要把我們與種種身分的關係，做清楚的區分，以便清楚瞭解是什麼「眞正的我」，在參與社會體系之中（但又不**只是**單純的一個參與者），眞是蠻難的；尤其在這種高度強調個人主義的社會，這更是難上加難。我們當然不只是某些身分的擁有者，以及角色的扮演者而已，但是從我們出生以來，我們所經歷的每一件事，都跟一些社會體系有所牽連，以致於我們很難在眞正的我、身分以及角色之間，做清楚的區別。例如說，我相信我有靈魂，而且我的靈魂不是一個社會產物。但是信念本身，以及我能夠**想到靈魂這樣的思考方式**，都是某種文化下的產物。在一些靈異情境，我可能有過與世界和社會生活分開的經驗。我可能會有某些時刻，我好像都停止思考，感應到有一種現象，比語言更深刻，比文化與社會經驗形塑的思想更深刻。但是這種經驗很少見，

很久才一次，而這些經驗提醒我，除了我們所知的社會生活
之外，還有一些超出人類存在的現象，而這些現象稍縱即逝
的特質也提醒了我，社會生活才是我生活的重心。

當我在街上與那年輕女子擦身而過，不管她感受到的
是哪一種恐懼，都與我的男性身分，與她的女性身分，與這
些身分在這世界上特殊的關連有關係。她的恐懼，來自一種
我自己並不認可也未親身經歷的社會現象。但是這並不表
示，她的反應多此一舉，因為她與我所參與的社會現象一點
一滴都很眞實，就跟「眞實的她」與「眞實的我」一樣地眞
實。社會現象並不是由我們兩個所創造出來的，我們個人也
沒有辦法為此做多大的改變。但是，不管我們喜不喜歡，在
那一刻我們是誰，我們看到什麼，我們如何與對方互動，都
受這個社會現象影響。

這樣說來，社會學的實踐，會不斷地提醒我們，每件
事彼此都有所牽連。沒有一種經驗，一種舉動，是獨立存在
的；每一件事都相互有關係。全球經濟不只是跟一些國家以
及資本的流動有關，全球經濟也牽扯到社區、鄉里、工作前
景、壓力，以及晚飯餐桌上的爭執。像貧窮這種大問題也不
只是與人們對於生活的選擇有關，還與我們身處的體系有
關，這個體系規範了人們有的選擇，形塑了鼓勵人們所走向
的阻力最小的路。一些芝麻小事，像是兩人在街上擦身而

過，或是兩人在對話，其實都沒有那麼單純，因爲這些事之
所以如此發生，與大範圍的情境有關，會影響這些事情的輪
廓，給予這些舉動意義。

在社會生活的每個層次，社會學的實踐都使我們對於
發生的事情，對於我們爲何有某些感受與舉動，有更深入的
瞭解。社會學提供了一種基礎，幫助我們更清楚地理解，我
們的生活是如何與那個「比我們自己更大一些些的情境」產
生關連。這樣的理解，可以豐富我們的生活，使我們的生活
更有趣。但是社會學想要給予我們的還更多。如果瞭解社會
生活如何運作的能力，成爲社會生活運作的一部份，如果社
會學式的思考成爲文化的普遍元素，那麼社會學就會成爲一
種有力的集體工具，對於世界如此多不必要的苦難，可以進
一步的瞭解，並且做點什麼來解決問題。社會學給我們力
量，讓我們看到我們如何參與社會生活，讓我們看到對於社
會生活所製造的後果，要負一小點責任。社會學給予我們管
道，讓我們不要只是成爲問題的一部份，而要成爲出路的一
部份。世界與我們，可能因此會越來越美好。

註 釋

註釋前之頁碼，為中文頁碼。

第1章

p.10　1.關於工作場所多元的基本討論，見 Katharine Esty,
Richard Griffin, and Marcie Schorr Hirsch, *Workplace
Diversity* (Holbrook, MA: Adams, 1995)；Brian
McNaught, *Gay Issues in the Workplace* (New York: St.
Martin's Press, 1993)；以及 R. Roosevelt Thomas Jr.,
Beyond Race and Gender (New York: AMACOM,1991)。

p.11　2.關於特權的性質，有一篇經典之作可以參考，見 Peggy
McIntosh, "White Privilege and Male Privilege"，選自
Anne Minas 編著的 *Gender Basics: Feminist Perspectives
on Women and Men* (Belmont, CA: Wadsworth, 1993)，頁
30-38。

p.18　3.當然有許多例子顯示，在某些文化以及歷史上的時期，
家庭是以這個模式來運作，尤其對於女兒更是如此。不
過在像美國這種地方，總是把組織比做是家庭，這個模
式卻不是我們一般認爲的家庭生活。

p.24　4.關於更多角色衝突的概念，參見 Erving Goffman,
Encounters (Indianapolis: Bobbs-Merrill, 1961)，Robert K.
Merton, *Social Theory and Social Structure*, enlarged ed. (New
York: Free Press, 1968)，以及 David A. Snow and Leon
Anderson, "Identity Work among the Homeless: The Verbal
Construction and Avowal of Personal Identities," *American
Journal of Sociology* 92: 6 (1987)，頁 1336-1371。

p.26　5. 關於導致自殺的原因，有一篇綜合性的摘要可以參考，見 David Lester, *Why People Kill Themselves*, 3rd ed. (Spring-field, IL: Charles C. Thomas, 1992)。

p.26　6. 美國政府機關的統計調查，*Statistical Abstract of the United States:1996* (Washington DC: U.S. Government Printing Office, 1996)。

p.31　7. 關於更多以此觀點來看待種族主義的討論，見 David T. Wellman, *Portraits of White Racism*, 2nd ed. (New York: Cambridge University Press, 1993)。

p.33　8. 有些例子可以參考，見 Ellis Cose, *The Rage of Privileged Class* (New York: HarperCollins, 1993)；Joe R. Feagin, "The Continuing Significance of Race: Antiblack Discrimination in Public Places," *American Sociological Review* 56, 1 (1991) :101-116，以及 Joe R. Feagin and Melvin P. Sikes, *Living with Racism: The Black Middle-Class Experience* (Boston: Beacon Press, 1994)。

p.33　9. 關於白人如何在個人的層次上，更加意識到自己如何與一個種族歧視的社會有所連結，一些不錯的觀點可以參考，見 Paul Kivel, *Uprooting Racism: How White People Can Work for Racial Justice* (Philadelphia: New Society Publishers, 1996)。

第 2 章

p.48　1. 朗格 (Susanne K. Langer) 所著 "The Growing Center of Knowledge" 一文，收於 *Philosophical Sketches*

(Baltimore: Johns Hopkins University Press, 1962) ,145~147。
在原版中已有黑體。

p.55 2. W. I. Thomas 與 Dorothy Swain Thomas 合著，*The Child in America* (New York: Knopf, 1928) ,572；Robert K. Merton 著，"The Sociology of Social Problems"，收錄於 Merton 與 Robert Nisbet 合著，*Contemporary Social Problems*（第四版）(New York: Harcourt Brace Jovanovich,1976)，第 22 頁。【譯註：*Contemporary Social Problems* 已有中文版：《當代社會問題》，郭振羽，羅伊菲合譯，台北市：黎明，1978。墨頓 (Robert K. Merton) 是帕森斯 (T. Parsons) 的學生，是功能學派社會學中有影響的人物。墨頓不追隨帕森斯的巨觀社會體系理論，他另闢蹊徑發展中程理論 (theories of the middle range)。他最有影響的著作是一部論文集，書名為《社會理論和社會結構》(*Social Theory and Social Structure*, 1949 年初版)。書中收入許多重要的論文，包括〈顯性與隱性功能〉和〈社會結構和脫序〉。他對科學社會學 (sociology of science)、角色理論 (role theory)、和參考團體 (reference groups) 等方面的研究很有貢獻。】

p.56 3. 任何一本關於社會階層的著作，都有對資本主義的社會學批判。如：Harold R. Kerbo 著, *Social Stratification and Inequality: Class Conflict in the United States*（第三版）(New York: McGraw-Hill, 1966)，和 Richard C. Edwards、Michael Reich 與Thomas E. Weisskopf 合編，*The Capitalist System*（第三版）(Englewood Cliffs, NJ: Prentice-Hall, 1986)。

p.57 4. 見 James L. Spates 所撰 "The Sociology of Values"，刊載

於 *Annual Review of Sociology* 9 (1983) :27-49。

p.61　5. 引用自 Marvin Harris 著, *Cultural Materialism* (New York: Random House, 1979) ,60 頁。

p.63　6. Roger Brown 著，*Social Psychology* (New York: Free Press, 1965) ,407頁。

p.69　7. 涂爾幹 (Emile Durkheim) 所著 *Sociology and Philosophy* (New York: Free Press, 1974) ，初版出版於 1924 年。【譯註：涂爾幹 (1858-1917) 是法籍猶太裔，與馬克思 (Marx) 和韋伯 (Weber) 齊名的社會學三巨頭之一，對創立現代社會學有很大的貢獻。涂爾幹認爲「社會自身」(society sui generis) 是社會學的主題，並且認爲「社會事實必須用其他的社會事實來解釋」。他對許多在現代社會學中具有重要地位的概念做出了很大的貢獻。雖然承襲由聖西門 (Saint-Simon) 和孔德 (Comte) 建立的實證主義 (positivism) 傳統，他並不希望自己的著作也被認爲是實證主義的，涂爾幹的名言是「把社會事實視爲事物」(treat social facts as things)。他用這句話說明社會現象是作爲一個客觀的範疇而存在的；通過它們對於個人限制或強制的影響而產生作用，而且它們是普遍的和集體的。涂爾幹經常被後人討論的主要四部著作分別爲：《社會分工論》(*The Division of Labour in Society*, 1893)、《社會學方法的規則》(*The Rules of Sociological Method*, 1895)、《自殺論》(*Suicide*, 1897)、《宗教生活的基本形式》(*Elementary Forms of Religious Life*, 1912)。涂爾幹的社會學被認爲過份強調了一般規範和社會結構的影響，而犧牲了個人能動性，儘管涂爾幹總是力圖在他的社會學中爲後者留有餘地。涂爾幹的兩個主要目標是將

社會學建立爲一個自主的「科學」(scientific) 學科，以
及確立現代社會的社會秩序的實際需求。雖然後來學者
對他的理論有很多爭論，但是他的深遠影響卻是不可否
認的。】

p.70   8. 見高夫曼 (Erving Goffman) 著，*Stigma: Notes on the
Management of a Spoiled Identity* (Englewood Cliffs, NJ:
Prentice-Hall, 1963)。【譯註：高夫曼 (Erving Goffman,
1922-1982) 加拿大出生的美國社會學家。他常被人們引
用的觀點是他對人們在日常生活中面對面互動的研究，
以早期的《日常生活中的自我表現》(*The Presentation of
Self in Everyday Life*, 1959)，《會面》 (*Encounters*, 1961)
和《公共場所行爲》(*Behavior in Public Places*, 1963) 三
書爲主。他對偏差身份的研究也很受後來學者的肯定，
《污名》(*Stigma*, 1964) 和《精神病院》(*Asylums*, 1961)
兩書就是以此爲主題。在《架構分析》(*Frame Analysis*,
1974)，《性別廣告》(*Gender Advertisements*,1979) 和
《交談方式》(*Forms of Talk*, 1981) 兩書中他轉向研究，
人們建構爲眞實的世界，其實是有問題的。基本上，他
強調社會文化的意義架構與人們對周遭環境的解釋之間
的關係。高夫曼雖然屬於象徵互動論 (symbolic
interactionism) 的傳統，但在他的後期著作中，重點放在
架構的條理化。高夫曼的研究方法包括參與觀察
(participant observation)，俗民方法學 (ethnomethodology)
和談話分析 (conversation analysis)。】

p.71   9. 參見，例如： Edwin M. Schur 著，*Labeling Women
Deviant: Gender, Stigma, and Social Control* (New York:
Random House, 1984)。

p.72   10. 參見，例如：瑪麗林‧弗侖區 (Marilyn French) 著，
Beyond Power: On Men, Women and Morals (New York:
Summit Books, 1985)；Carol Brooks Gardner, *Passing By:*
Gender and Public Harassment (Berkeley: University of
California Press, 1995)；和女性研究國家委員會 (National
Council for Research on Women) 著, *Sexual Harassment:*
Research and Resources（第三版）(New York: National
Council for Research on Women, 1995)。【譯註：弗侖區
另一著作有中譯本：《對抗女人的戰爭》(*The War*
Against Women) 鄭至麗譯，臺北市：時報文化，1994。
弗侖區是美國當代女性主義哲學及理論的領導人物之
一，也是一位知名小說家。作者在書中深入探討父權社
會千年以來對女性所持的敵意及負面態度，並對歷來世
界各地對女性在經濟、政治及身體上的迫害，在醫療、
法律、教育和商業事務方面對女性的偏見，及廣告、藝
術，流行文化裡表現出來對女性的憎恨，做了廣泛的舉
證及批判。】

p.74   11. Lawrence Mishel and Jared Bertsein 著, *The State of*
Working America:1992-1993 (Armonk, NY: M.E. Sharpe
for Economic Policy Institute, 1993) ；洛杉磯時報 1994
年 6 月 14 日的世界報導，聯合國圖表報告。

p.77   12. 參見 Gordon W. Allport 著，"Attitudes"，收於 *A*
Handbook of Social Psychology，Charles Murchison 編
(Worcester, MA: Clark University Press, 1935)，與K. J.
Keicolt 著，"Recent Developments in Attitudes and Social
Structure"，收錄於 *Annual Review of Sociology* 14 (1988)
,381-403。

p.77　13. 例如，參見 Henry Abelove，Michele Aina Barale，David
M. Halperin 合編，*The Lesbian and Gay Studies Reader*
(New York : Routledge, 1993)；Michael S. Kimmel 與
Michael A. Messner 合編，*Men's Lives*（第三版）(New
York: Macmillan, 1995)；Suzanne Pharr, *Homophobia: A
Weapon of Sexism* (Inverness, CA: Chardon Press, 1988)。

p.84　14. 紐約時報 1983 年 4 月 24 日。

p.84　15. Michael Parenti 著，*Inventing Reality*（第二版）(New
York:St. Martin's Press, 1993) , 第二章。

p.86　16. 1989 年 4 月 2 日哈特佛特新聞。(*The Hartford (Conn.)
Courant*,2 April 1989, Sec. Gl.)

p.89　17. 見 Juliet B. Schor 著, *The Overworked American: The Unexpected
Decline of Leisure* (New York: Basic Book, 1993)。

p.91　18. 同註一，頁 147。

第 3 章

p.99　1. 要更瞭解時間的社會意義，可參見 R. H. Lauer, *Temporal
Man: The Meaning and Uses of Social Time* (New York:
Praeger, 1981)；Pitirim A. Sorokin and Robert K. Merton,
"Social Time: A Methodological and Functional Analysis,"
American Journal of Sociology 42 (1937) : 615-629；
Eviatar Zerubavel, *Hidden Rhythms: Schedules and
Calendars in Social Life* (Chicago: University of Chicago
Press, 1981)；以及 Eviatar Zerubavel, *The Seven-Day*

Week: The History and Meaning of the Week (New York: Free Press, 1985)。

p.99　2. 社會結構此概念的古典用法，參見 Robert K. Merton, *Social Theory and Social Structure*, enlarged ed. (New York: Free Press, 1968)。

p.106　3. 見 Jerold Heiss, "Social Roles," in *Social Psychology: Sociological Perspectives*, ed. Morris Rosenberg and Ralph J. Turner (New York: Basic Books, 1981)；以及主體的古典用法，可參見 Ralph Linton, *The Study of Man* (New York: Appleton-Century-Crofts, 1936)。

p.108　4. 當然這種情形也可能發生在女教師和男學生之間，或是發生在同性別的師生之間。然而問題是，發生在權威位置的男老師，和被某些方式宰制的女生之間的情形，佔了絕大多數。譬如，參見 Michele A Paludi and L. A. Strayer, *Ivory Power: Sexual Harassment on Campus* (Albany: State University of New York Press, 1990)；Center for Research on Women, *Secrets in Public: Sexual Harassment in Our Schools* (Wellesley, MA: Wellesley College Center for Research on Women, 1993)；Billie Wright Dziech and Linda Weiner, *The Lecherous Professor: Sexual Harassment on Campus* (Boston: Beacon Press, 1984)。

p.109　5. 譬如，參見 Joan Abramson, *Old Boys, New Women: Sexual Harassment in the Workplace* (New York: Praeger, 1993)；Carol Brooks Gardner, *Passing By: Gender and Public Harassment* (Berkeley: University of California Press, 1995)；Barbara A. Gutek, *Sex and the Workplace: The Impact of Sexual Behavior and Harassment on Women,*

Men, and Organizations (San Francisco:Jossey-Bass,1985)
；Catharine A. MacKinnon, Sexual Harassment of Working
Women: A Case of Sex Discrimination (New Haven, CT:
Yale University Press, 1979) ；Center for Research on
Women, Secrets in Public；Dziech and Weiner, The
Lecherous Professor；以及 Paludi and Strayer, Ivory
Power。

p.112   6.譬如，參見 Susan Brownmiller, Against Our Will: Men,
Women, and Rape (New York: Simon and Schuster, 1975)；
David Finkelhor and Kersti Yllo, License to Rape: Sexual
Abuse of Wives (New York: Holt, Rinehart, and Winston,
1985)；Michael A. Messner and Donald F. Sabo, Sex,
Violence, and Power in Sports: Rethinking Masculinity
(Freedom, CA:Crossing Press, 1995)；Myriam Miedzian,
Boys Will Be Boys: Breaking the Link between Violence and
masculinity (New York: Doubleday, 1991)；Diana E. H.
Russell, Sexual Exploitation: Rape, Child Sexual Abuse, and
Workplace Harassment (Beverly Hills, CA: Sage, 1984)；
Peggy Reeves Sanday, A Woman Scorned: Acquaintance
Rape on Trial (New York: Doubleday, 1996)；以及
Patricia Searles and Ronald J. Berger, eds., Rape and
Society (Boulder, CO: Westview Press,1995)。

p.115   7. Robert K. Merton, "Social Structure and Anomie,"
American Sociological Review 3 (1938) : 672-682。

p.118   8. D. Jacobs, "Inequality and Economic Crime," Sociology and
Social Research 66, 1 (1981) :12-28。

p.130   9. 要更瞭解此主題，參見 Carl N. Degler, At Odds: Women

and the Family in America from the Revolution to the Present (New York: Oxford University Press, 1980)；Robert L. Griswold, *Fatherhood in American: A History* (New York: Basic Books, 1993)；以及 Eli Zaretsky, *Capitalism, the Family, and Personal Life*, revised and expanded ed. (New York: Harper and Row, 1986)。

p.130   10. 參見 Heidi Hartmann, " The Unhappy Marriage of Marxism and Feminism: Towards a More Progressive Union," in *Women and Revolution: A Discussion of the Unhappy Marriage of Marxism and Feminism*, ed. Lydia Sargent (Boston: South End Press, 1981), 1-41；以及 Martha May, "Bread before Roses: American Workingmen, Labor Unions and the Family Wage," in *Women, Work, and Protest*, ed. Ruth Milkman (Boston: Routledge and Kegan Paul, 1985)。

p.131   11. 參見 Viviana A, Zelizer, *Pricing the Priceless Child: The Changing Social Value of Children* (New York: Basic books, 1985)。

p.132   12. Margaret Mead, *Coming of Age in Samoa* (New York: Modern Library, 1953 [first published in 1928])。

p.132   13. 參見 E. Anthony. Rotundo, *American Manhood: Transformations in Masculinity from the Revolution to the Modern Era* (New York: Basic Books, 1993)。

p.135   14. U.S. Bureau of the Census, *Statistical Abstract of the United States: 1996* (Washington, DC: U.S. Government Printing Office, 1996)。

p.138   15. 要對文化和結構面向的種族歧視有清楚的瞭解，參見

David T. Wellman, *Portraits of White Racism*, 2nd ed. (New York: Cambridge University Press, 1993)。

p.139 16. 參見 Reynolds Farley and William H. Frey, "Changes in the Segregation of Whites from Blacks during the 1980s," *American Sociological Review* 59 (1994); Douglas S. Massey and Nancy A. Denton, *American Apartheid: Segregation and the Making of the Underclass* (Cambridge, MA: Harvard University Press, 1993)。

p.139 17. 參見 Lee Sigelman and S. Welch, "The Contact Hypothesis Revisited: Black-White Interaction and Positive Racial Attitudes," *Social Forces* 71, 3 (1993) : 781-795。

p.140 18. Gunnar Myrdal, *An American Dilemma* (New York: Harper and Row, 1945)。

p.140 19. Karl Marx, *Capital: A Critique of Political Economy* (New York: International Publisher, 1975 [first published in 1867])。

p.142 20. David R. Francis, "The Economic Expansion is Finally Paying Off for Most Americans," *The Christian Science Monitor*, World Wide Web edition [www.csmonitor.corn], 27 September 1996。

第 4 章

p.153 1. 相同的基本說法，參見 Amos H. Hawley, *Human Ecology: A Theoretical Essay* (Chicago: University of Chicago Press, 1986)；and Michael Micklin and Harvey M.

Choldin, eds., *Sociological Human Ecology: Contemporary Issues and Applications* (Boulder, CO : Westview Press, 1984)。

p.154 　2. Virginia Woolf, *A Room of One's Own* (New York: Harcourt Brace and World, 1929)。

p.154 　3.關於空間的社會利用，經典名著的研究爲 Robert Sommer, *Personal Space: The Behavioral Analysis of Design* (Englewood Cliffs, NJ: Prentice-Hall, 1969)。

p.155 　4.參見 Donald S. Massey and Nancy A. Denton, *American Apartheid: Segregation and the Making of the Underclass* (Cambridge, MA: 1992)。

p.156 　5.一本將人類視爲「異常」物種的精彩小說，參見 Daniel Quinn, *Ishmael* (New York: Bantarm, 1992)。

p.157 　6. Marvin Harris, *Cows, Pigs, Wars, and Witches* (New York: Random House, 1974)。亦可參考 Marvin Harris 另外的著作：*Cannibals and Kings: The Origins of Cultures* (New York: Random House, 1977)；*Cultural Materialism* (New York: Random House, 1979)；和 *Good Things to Eat: Riddles of Food and Culture* (New York: Simon and Schuster, 1985)。利用生態學觀點介紹社會學，則可參考 Gerhard E. Lenski, Jean Lenski, and Patrick Nolan, *Human Societies*, 7th ed. (New York: McGraw-Hill, 1995)。

p.165 　7.依據美國人口調查處 (U.S. Bureau of the Census)，《1996年美國統計摘要》，(Washington, DC : U.S. Government Printing Office, 1996)。

p.165 　8.依據美國人口調查處 (U.S. Bureau of the Census) 1992 年 9 月 20 日 (A1)，Hartford (Conn.) 的報告。

p.166　9. 參見人口調查處 (Population Reference)，《世界人口資料表：1996》(Washington, DC: Population Reference., 1996)。

p.169　10. 參見 B. P. Dohrenwend 與 B. S. Dohrenwend, "Sex Differences in Psychiatric Disorders," *American Journal of Sociology* 81 (1976):1447-1454；與 Lois Verbrugge and D. L. Wingard, "Sex Differentials in Health and Mortality", *Women and Health* 12,2 (1987)。

p.169　11. 根據 The University of Chicago National Opinion Research Center所收集的資料，*General Social Surveys*,1996。

p.170　12. U.S. Bureau of the Census, *Statistical Abstract: 1996*。

p.171　13. Ibid.

p.172　14. Ibid.

p.173　15. Ibid.

第 5 章

p.179　1. 譬如，參見 B. F. Skinner, *Beyond Freedom and Dignity* (New York: Knopf, 1971)。

p.179　2. 要更瞭解自我這個概念，可參見 D. H. Demo,"The Self Concept over Time: Research Issues and Direction," *Annual Review of Sociology* 18 (1992)：303-326；以及 Morris Rosenberg, *Conceiving the Self* (New York: Basic Books, 1979)。

p.180　3. George Herbert Mead, *Mind, Self, and Society* (Chicago:

University of Chicago Press, 1934)。

p.183　4. Erving Goffman, *Encounters* (Indianapolis: Bobbs-Merrill, 1961)。

p.184　5. 重要他人這個概念最早是在此書出現：Harry Stack Sullivan, *The Interpersonal Theory of Psychiatry* (New York: Norton, 1953)。

p.185　6. Charles Horton Cooley, *Life and the Student* (New York: Knopf, 1927)。

p.185　7. Mead, *Mind, Self, and Society*。

p.189　8. 可以參見下列 Erving Goffman 的著作：*The Presentation of Self in Everyday Life* (New York: Doubleday and Company, 1959)；*Asylums* (New York: Anchor Books, 1961)；*Behavior in Public Places* (New York: Free Press, 1963)；*Stigma: Notes on the Management of a Spoiled Identity* (Englewood Cliffs, NJ: Prentice-Hall, 1963)；*Interaction Ritual* (New York: Anchor Books, 1967)；*Gender Advertisements* (New York: Harper Colophon, 1976)；*Forms of Talk* (Philadelphia: University of Pennsylvania Press, 1981)；以及*Encounters*。也可以參考 Philip Manning, *Erving Goffman and Modern Sociology* (Stanford,CA:Stanford University Press, 1992)。

p.192　9. Erving Goffman,"Embarrassment and Social Organization, "*American Journal of Sociology* 62 (1956-1957) :264-271。

p.199　10. 人們用各種方法來維持特定情境的眞實，研究這些方法的學門稱之爲俗民方法學（字面上的意思就是人們的方法）。最相關的研究是 Harold Garfinkel 的著作。可參見

Studies in Ethnomethodology (Englewood Cliffs, NJ: Prentice-Hall, 1967)。也可參見 J. Maxwell Atkinson and John Heritage, *Structures of Social Action: Studies in Conversation Analysis* (Cambridge, England: Cambridge University Press,1984) ; R. A. Hilbert, "Ethnomethodology and the Micro-Macro-Order," *American Sociological Review* 55, 6 (1990) : 794-808；以 及 Eric Livingston, *Making Sense of Ethnomethodology* (London: Routledge and Kegan Paul, 1987)。

p.200   11. 參見 Goffman 的 *Interaction Ritual*。

p.202   12. 譬如，參見 Deborah Tannen, *You Just Don't Understand: Women and Men in Conversation* (New York: William Morrow, 1990) 以及 *Talking Nine to Five* (New York: William Morrow, 1994)。

p.204   13. Rosabeth Moss Kanter, *Men and Women of the Corporation* (New York: Basic Books, 1977)。

p.204   14. 參見 Brian McNaught, *Gay Issues in the Workplace* (New York: St. Martin's Press, 1993)。

p.205   15. 要更瞭解優勢的概念，可參見 Peggy McIntosh, "White Privilege and Male Privilege," in *Gender Basics: Feminist Perspectives on Women and Men*, ed.Anne Minas (Belmont, CA: Wadsworth, 1993), 30-38。

p.205   16. 上述例子是美國黑人的經驗，可以參見下列書籍：Lois Benjamin, *The Black Elite* (Chicago: Nelson-Hall, 1991)；Ellis Cose, *The Rage of a Privileged Class* (New York: HarperCollins, 1993)；Joe R. Feagin," The Continuing

Significance of Race: Antiblack Discrimination in Public Places," *American Sociological Review* 56, 1 (1991)：101-116；Joe R. Feagin and Melvin P. Sikes, *Living with Racism: The Black Middle-Class Experience* (Boston: Beacon Press, 1994)；Joe R. Feagin, *White Racism: The Basics* (New York: Routledge, 1995)；Joe R. Feagin, *The Agony of Education: Black Students at White colleges and Universities* (New York: Routledge, 1996)；以及 David T. Wellman, *Portraits of White Racism*, 2nd ed. (New York: Cambridge University Press, 1993)。

第 6 章

p.212 1. 有關互惠社會常模的經典論述，參見 Alvin W. Gouldner, "A Norm of Reciprocity: A Preliminary Statement," *American Sociological Review* 25 (1960) ,161-178；以及 Marcel Mauss, *The Gift* (New York: Free Press, 1954〔1952 年第一次出版〕)。有關交換理論的更多討論，參見 Peter M. Blau, *Exchange and Power in Social Life* (New York: Wiley, 1986)；以及 K. S. Cook 編著，*Social Exchange Theory* (Newbury Park, CA: Sage, 1987)【譯註: *The Gift* 與 *Exchange and Power in Social Life* 已有中文版發行：《禮物──舊社會中交換的形式與功能》，汪珍宜、何翠萍譯，台北：遠流，1989；《社會生活中的權力與交換》，孫非譯，台北：桂冠，1999。】

p.220 2. 出自 John Kenneth Galbraith 的訪談 " Why the Welfare State Is Here to Stay," Nathan Gardells, *The National Times*, June 1996, 30。

p.220　3. 出處同上。

p.222　4. 關於此一主張的經典論述，參見 Robert K. Merton, "The Sociology of Social Problems," 選自 Robert K. Merton 與 Robert Nisbet 所合編的 *Contemporary Social Problem*, 4th ed. (New York, Harcourt Brace Jovanovich, 1976) 一書，頁5-43。【譯註：此書已有中文版發行：《當代社會問題》，郭振羽、羅伊菲譯，台北：黎明，1978。】

p.222　5. 美國政府機關的統計調查，*Statistical Abstract of the United States:1996* (Washington DC: U.S. Government Printing Office, 1996)。

p.224　6. 見 William Julius Wilson, *When Work Disappears: The World of the New Urban Poor* (New York: Knopf, 1996)。

p.225　7. Charles Murray, *Losing Ground* (New York: Basic Books, 1984)。

p.225　8. 出處同上，頁 221。

p.225　9. 出處同上，頁 227-228。

p.225　10. 出處同上，頁 223。

p.235　11. 關於保障名額制度，參見 Paul Kivel, *Uprooting Racism: How White People Can Work for Racial Justice* (Philadelphia, PA: New Society,1996) ,172-179；Nicolaus Mills 編著，*Debating Affirmative Action* (New York: Dell, 1994) ；以及 David T. Wellman, *Portraits of White Racism*, 2 nd ed. (New York: Cambridge University Press, 1993), 226-236。

p.235　12. 見 R. Roosevelt Thomas Jr., *Beyond Race and Gender* (New York: AMACOM, 1991)。

索 引

條目後的頁碼係原書頁碼，
檢索時請查正文頁邊的數碼。

V

values, 31, 47-53, 62, 63, 86, 92, 93,108,111 價值
violence: 暴力
    domestic, 89-91, 123; 家庭~
    sexual, 185-186 性~
voting, 173-176 投票、選舉

W

war, explanations of, 24-25 戰爭，對於~的解釋
wealth, distribution of, 61-62 財富，~的分布
Weber, Max, 99-100 韋伯
welfare reform, voting and, 175 福利改革，選舉和~
women (*see also* gender), as deviant, 59 婦女（亦請參見性別），作為偏差者
Wompanoag, 60-61 （北美印地安族）
Woolf, Virginia, 121 維琴妮亞‧吳爾夫
World Wide Web. 74-75 全球資訊網

臺灣社會學叢書

◎ **米糖相剋：日本殖民主義下台灣的發展與從屬**
中研院社會學研究所 / 柯志明教授 著
ISBN 957-30710-7-X
定價：300 元

◎ **積體網路：台灣高科技產業的社會學分析**
台灣大學社會學系 / 陳東升教授 著
ISBN 957-30710-6-1
定價：320 元

STS 經典譯叢

◎ **科技渴望社會**
台灣大學社會學系 / 吳嘉苓教授 / 清華大學
歷史所科技史組 / 傅大為、雷祥麟教授 主編
ISBN 957-28990-3-1
定價：350元

◎ **科技渴望性別**
台灣大學社會學系 / 吳嘉苓教授 / 清華大學
歷史所科技史組 / 傅大為、雷祥麟教授 主編
ISBN 957-28990-4-X
定價：300元

Socio Publishing
群學出版有限公司 出版目錄

◎　**台灣的知識經濟－困境與迷思**
清華大學電機系 / 曾孝明教授 著
ISBN 957-30710-1-0
定價：300元

◎　**當代臺灣社會的族群想像**
中研院社會學研究所 / 王甫昌教授 著
ISBN 957-28990-1-5
定價：250元

◎　**觀念巴貝塔─當代社會學的迷思**
台灣大學社會學系 / 葉啓政教授 著
ISBN 957-28990-6-6
定價：300元

◎　**現代人的天命─科技、消費與文化的搓揉摩盪**
台灣大學社會學系 / 葉啓政教授 著
ISBN 957-28990-7-4
定價：320元

◎　**亞細亞的新身體─性別、醫療與近代臺灣**
清華大學歷史所科技史組 / 傅大為教授 著
ISBN 957-28990-8-2
定價：500元

◎ 傅柯說真話 / *Fearless Speech*
Michel Foucault 著 / 鄭義愷 譯
清華大學社會學研究所 / 姚人多教授 導讀
ISBN 957-28990-5-8
定價：250 元

◎ 想像比知識重要－科教見思
交通大學應用化學系講座教授 / 何子樂教授 著
ISBN 957-30710-9-6
定價：320 元

◎ 見樹又見林－社會學作為一種生活、實踐與承諾
The Forest and the Trees：Sociology as Life,
Practice and Promise
Allan G. Johnson 著 / 高雄醫學大學性別研究所 /
成令方教授 / 台灣大學新聞研究所 / 林鶴玲教授 /
台灣大學社會學系 / 吳嘉苓教授 合譯
ISBN 957-28990-0-7　　定價：250 元

◎ 社會學動動腦 / *Thinking Sociologically*
Zygmunt Bauman 著 / 朱道凱 譯
台灣大學社會學系 / 孫中興教授 審校
ISBN 957-30710-4-5
定價：250 元

◎ 全球化－對人類的深遠影響
Globalization：The Human Consequence
Zygmunt Bauman 著 / 張君玫 譯
ISBN 957-30710-0-2
定價：200 元

Socio Publishing
群學出版有限公司 出版目錄

◎ **全球化迷思** / *Globalization in Question, 2nd Ed*
Paul Hirst and Grahame Thompson 著 / 朱道凱 譯
清華大學經濟系 / 劉瑞華教授 校訂
南方朔 序兼導讀
ISBN 957-30710-3-7　定價：450 元

◎ **親密關係：現代社會的私人關係** / *Intimacy：*
Personal Relationships in Modern Societies / Lynn
Jamieson 著 / 台北大學社會學系 / 蔡明璋教授 譯
ISBN 957-30710-5-3
定價：250 元

◎ **母職的再生產：心理分析與性別社會學**
*The Reproduction of Mothering：Psychoanalysis
and the Sociology of Gender*
Nancy J. Chodorow 著 / 張君玫 譯
ISBN 957-30710-8-8
定價：360 元

◎ **現代地理思想**
Modern Geographical Thought
Richard Peet 著 / 王志弘 譯
ISBN 957-28990-9-0
定價：600 元（精裝）

◎ **半世紀舊書回味：從牯嶺街到光華商場**
李志銘 著 / 畢恆達、孫中興、辜振豐 推薦序
ISBN 986-81076-0-1
定價：360元
（本書榮獲2005年《開卷》十大好書獎）

◎ **製造甘願：壟斷資本主義勞動過程的歷史變遷** /
*Manufacturing Consent: Changes in the Labor
Process under Monopoly Capitalism* / Michael
Burawoy 著 / 林宗弘、張烽益、鄭力軒、沈倖如、王
鼎傑、周文仁、魏希聖 譯
ISBN 986-81076-1-x　定價：450 元

◎ **後工業機會：一個批判性的經濟社會學論述** /
*Postindustrial Possibilities: A Critique of Economic
Discourse* / Fred Block 著 / 林志成、林宗弘 等譯 /
清華大學社會所 / 鄭陸霖、吳泉源 教授 校譯
ISBN 957-28990-2-3　定價：400 元

◎ **社會工作概論** / *The Blackwell Companion to Social
Work (2nd edition)* / Martin Davies 主編 / 朱道凱、蘇
朵禾譯 / 台灣大學社會工作學系 余漢儀教授 推薦序
ISBN 986-81076-2-8
定價：720 元（精裝）

◎ **禿鷹的晚餐：金融併購的社會後果** / 夏傳位 著 / 銀行
員工會全國聯合會 出版 / 群學出版有限公司 總經銷
ISBN 957-29020-1-6
定價：300 元

◎ **台灣社會學** / 中央研究院社會學研究所與台灣大學社
會學系 合辦 / 群學出版有限公司 總經銷
ISSN 1680-2969
定價：250 元

作者：李志銘

開數：23.4×17

頁數：288頁

出版年月：2005.04月

ISBN：986-81076-0-1

定價：新台幣360元

◎**本書榮獲2005年開卷十大好書（中文創作類）**

內容簡介

　　舊書攤的魅力，主要來自於愛書人對書籍的癡狂迷戀，以及那四處堆疊、不假修飾的「挖寶」情境。相較於現代書店的人書關係，舊書攤其實更能讓「找書」這件事回歸到一種「原始本能」，身處舊書堆的愛書人猶如悠游書海中的書蠹，四處游移觀望卻不希望他人干擾。

　　本書結合了現代西方理論以及本土田野調查，既是一部資料齊備、結構完整的台灣舊書業發展史，同時亦可視為戰後台北都市史的一部分。

各方推薦

在沉湎往日情懷之餘，還可以從這本書了解到舊書業的總體面向，享受穿越時空探舊書的種種樂趣。──孫中興（台大社會系教授）

志銘給讀者一個非常全面的關於書／舊（救）書／舊書店／舊書業的精彩分析與描述。──畢恆達（台大城鄉所教授）

節奏流暢、引人入勝，打從翻開第一頁時，便很想一口氣讀完。

──辜振豐（《時尚考》作者）

地方：記憶、想像與認同

原著：Place: a short introduction

作者：Tim Cresswell

譯者：徐苔玲、王志弘

頁數：256 頁

出版年月：2006.3月

ISBN：986-81076-3-6

定價：新台幣250元

　　什麼是地方？地方是人文地理學的一個基本概念，甚至可以說人文地理學就是地方的研究。但地方同時也是一個包裹於常識裡面的字眼，和日常生活息息相關。兩者的交纏使得這個名詞充滿了魅力。你搬進宿舍裡，貼上海報，在桌上放一些書。然後，這個空間就變成了你的「地方」。北緯40.46度、西經73.58度，對你可能沒什麼意義，但如果我們知道那指的是什麼「地方」，感受可能就大不相同。以「地方」來說，那是：美國911事件，紐約曼哈頓被炸掉的雙子星大樓的所在地。

　　本書使用新聞、流行文化和日常生活實例解釋抽象概念，追溯 1950 年代以來「地方」概念的發展，思考人與地方如何產生情感聯繫，我們如何認同、記憶、想像某個地方，又如何排斥某些元素進入「我們的」地方，並思索「地方特色」是否因為全球化的席捲而消失殆盡。

社會學動動腦

原書：Thinking Sociologically
作者：Zygmunt Bauman
譯者：朱道凱
審訂者：孫中興教授
開數：25 開
頁數：283 頁
出版年月：2002.08 月
ISBN：957-30710-4-5
定價：新台幣 250 元

　　念社會學最大的困擾是不知從何入門。翻開社會學教科書，裡面充斥的都是既抽象又陌生的概念與理論，要不然就是頗有異國情調的事例，因此一個個跳躍的概念就像抓不住的魚，很難放進魚簍（腦袋）裡，一個不小心還會念成「不知我是誰」的人。對於教社會學的老師，最大的困擾則是：考完試學生就忘光光，把社會學還給老師了。修過社會學和沒修過也看不出什麼不同。

　　別理會那些生硬的教科書了，社會學的真實面目其實不是這樣，社會學事實上是活生生的、念起來可以很快樂、很有收穫的，更重要的，是可以「在生活中實踐」的。本書從社會學式思考和常識之間的區別開始談起，熟悉（常識）使我們「視而不見」，「去熟悉化」則是社會學思考的第一步，打開我們的社會觸覺，讓我們「見人所不能見」。究其實，社會學是一扇窗，讓我們看清楚這個世界，社會學同時也是一面鏡子，讓我們更瞭解自己。

　　《社會學動動腦》與本社另一本《見樹又見林》一樣，同屬「生活的、可實踐的」社會學系列。本書略深一些，較重思辨，極其所能，它要讓您的腦袋動起來。或許你只想要一條魚，它會在不知不覺中也給你一支釣竿。

新書預告！

《視覺研究導論》
  Visual Methodologies：An Introduction to the Interpreation of Visual Materials
  Gillian Rose 著／王國強 譯

《後殖民理性批判：邁向消逝當下的歷史》
  A Critique of Postcolonial Reason: Toward A History of the Vanishing Present
  Gayatri Chakravorty Spivak 著／張君玫 譯

《人類學的視野》
  黃應貴 著（中央研究院民族學研究所教授）

《以身為度・如是我做：田野工作的教與學》
  謝國雄 編著（中央研究院社會學研究所教授）

《性別、認同與地方：女性主義地理學》
  Gender, Identity & Place: Understanding Feminist Geographies
  Linda McDowell 著／徐苔玲、王志弘 譯

《巴黎：現代性之都》
  Pairs: Capital of Modernity
  David Harvey 著／黃煜文 譯

哪裡可以買到群學的書？

博客來網路書店 http://www.books.com/
三民網路書店 http://www.sanmin.com.tw/
誠品網路書店 http://www.eslitebooks.com/

台北市

唐山書店	02-23673012
三民書局（重南店）	02-23617511
三民書局（復北店）	02-25006600
政大書城（師大店）	02-23640066
政大書城（政大店）	02-29392744
台大法學院圖書部	02-23949278
桂林圖書	02-23116451
女書店	02-23638244
桂冠圖書	02-23631407
天母書廬	02-28744755
誠品書店（敦南店）	02-27755977
誠品書店（台大店）	02-23626132
誠品書店（京華城店）	02-37621020
fnac（環亞店）（及其他分店）	02-87120331

台北縣

四分溪書坊（中研院內）	02-27839605
文興書坊（輔仁大學旁）	02-29038317
誠品書店（板橋店）	02-29598899

基隆市

誠品書店（基隆店）	02-24211589

宜蘭縣

誠品書店（宜蘭店）	03-9362770
御書坊書局	03-9332880
大雅書局	03-9353008

新竹市

水木圖書（清華大學內）	03-5746800
誠品書店（新竹店）	03-5278907

桃園縣

誠品書店（統領店）（中壢店）（國際大江店）	

台中市

誠品書店（中友店）（博科店）（三越店）	
闊葉林書店	04-22854725
興大書齋	04-22870401
敦煌書局（東海店）	04-2358-1313

台中縣

東海書苑（東海大學旁）	04-26316287

南投縣

國立暨南國際大學圖書文具部	04-92913386

嘉義縣

誠品書店（衣蝶店）	05-2160050
中正大學圖文部	05-2721073

台南市

誠品書店（台南店）	06-2083977
誠品書店（站前店）	06-2113533
金寶書局	06-2912186
成大圖書部	06-2376362
台南師範學院圖文部	06-2144383
崑山科技大學圖文部	06-2721352
歐納書坊	06-2754535

台南縣

國立長榮管理學院圖書文具部	06-2785520

高雄市

誠品書店（漢神店）（遠百店）（SOGO店）	
大統書店	07-2220800
中山大學圖文部	07-5250930
高雄師範大學圖文部	07-7519450
樹德文化休閒廣場	07-6154792
正修文化廣場	07-7330428
實踐大學高雄校區消費廣場書局	07-6679997
高師大燕巢校區生活廣場	07-6051133
麗書坊文藻校園書局	07-3598423
黃埔書城	07-7190353

屏東縣

誠品書店（屏東店）	08-7651699
復文書局屏東師院圖書文具部	08-7230041

花蓮縣市

東華大學書坊	03-8661668
花大書坊	03-8237459